Wolfgang Salzmann

Stundenblätter Kurzgeschichten für die Klassen 8/9

36 Seiten Beilage

Ernst Klett Verlag
Stuttgart München Düsseldorf Leipzig

Reihe: Stundenblätter Deutsch

Die in diesen Stundenblättern behandelten Kurzgeschichten und Texte sind als Leseheft erschienen:

17 Kurzgeschichten
(Klettbuch 26122)

Nicht enthalten in diesem Leseheft ist der Text von B. Brecht „Der Augsburger Kreidekreis".

Gedruckt auf Papier, das aus Altpapier hergestellt wurde.

Die Deutsche Bibliothek – CIP-Einheitsaufnahme

Salzmann, Wolfgang:
Stundenblätter Kurzgeschichten für die Klassen 8, 9 /
Wolfgang Salzmann. – 7. Aufl. – Stuttgart; München; Düsseldorf;
Leipzig: Klett, 1996
(Reihe: Stundenblätter Deutsch)
ISBN 3-12-927382-4

7. Auflage 1996
Alle Rechte vorbehalten
Fotomechanische Wiedergabe nur mit Genehmigung des Verlages
© Ernst Klett Verlag GmbH, Stuttgart 1982
Satz: G. Müller, Heilbronn
Druck: Wilhelm Röck, Weinsberg
Einbandgestaltung: Zembsch' Werkstatt, München
ISBN 3-12-927382-4

Inhalt

Einleitung

Die Kurzgeschichte ist heute eine der vielseitigsten und gebräuchlichsten epischen Kurzformen, deren methodisch-didaktischer Stellenwert im Deutschunterricht mehrfach begründbar ist. Wegen ihrer Kürze, ihrer Thematik und der Einfachheit der Sprache ist sie für Schüler der Sekundarstufe I nicht nur leicht verständlich, sondern weckt auch das Interesse am Lerngegenstand Literatur eher, als etwa andere epische Kurzformen wie Fabel und Anekdote das zu leisten vermögen. Damit soll jedoch nicht gesagt sein, daß grundsätzlich alle Kurzgeschichten von ihrem Schwierigkeitsgrad her für die Behandlung in den Klassen 8–10 geeignet sind. Die für diesen Band ausgewählten Texte gehen von den durchschnittlichen Lernvoraussetzungen dieser Altersstufe aus. Von ihrer Überschaubarkeit her bietet die Kurzgeschichte jedoch nicht nur ein geeignetes Arbeitsfeld für Gliederungsübungen zur Erfassung von Textstrukturen, auch im Lernfeld Aufsatzerziehung bietet sie eine gute Grundlage für die Aufsatzformen Nacherzählung, Inhaltsangabe und literarische Erörterung. Ein weiterer Vorteil liegt darin, daß mit ihr Methoden und Arbeitstechniken eingeübt werden können, auf die man bei der Einführung der Analyse von Prosaganzschriften zurückgreifen kann.

So gesehen kann die Bedeutung der Kurzgeschichte für den Deutschunterricht nicht genug betont werden. Die Vielseitigkeit ihrer methodisch-didaktischen Möglichkeiten wird auch dadurch deutlich, daß die Kurzgeschichte eine wichtige Gelenkstelle beim Übergang von epischen Kurz- zu epischen Langformen einnimmt. Durch ihre Vielgestaltigkeit beweist sie auch die dynamische Lebendigkeit von Literatur, die sich den Forderungen einer normativen Poetik entzieht.

Die vorwiegend unterrichtspraktische Intention der Arbeit liegt darin, die Problematik einer Wesensbestimmung der deutschen Kurzgeschichte mit Hilfe einer Auswahl von 15 Texten aufzuzeigen. Die Anzahl und Thematik der Unterrichtsstunden dieses Bandes dienen dabei als Hilfe und Orientierungsrahmen, aus dem der Unterrichtende seinen Bedürfnissen entsprechend auswählen kann.

Zur Problematik der Kurzgeschichte

Begriffs- und Wesensbestimmung

Es wäre verfehlt, die folgenden Ausführungen als einen lückenlosen Forschungsbericht aufzufassen; wohl aber werden einige grundsätzliche Positionen der wissenschaftlichen Auseinandersetzung mit der Kurzgeschichte aufgezeigt. Zur weiteren ausführlichen Information muß auf die Arbeiten von Ruth J. Kilchenmann und den Forschungsbericht von Bernhard Schulz verwiesen werden. Der Verfasser folgt in wesentlichen Punkten ihren Angaben.

Wie ein Überblick über die jüngste Forschungsliteratur zum Thema Kurzgeschichte zeigt, kann von einer einheitlichen Forschungslage nicht gesprochen werden. Es scheint, daß die vorliegenden Ergebnisse der Beschäftigung mit dem „heute wohl unaufgeklärtesten ‚Typus‘ literarischen Ausdrucks" (Kilchenmann 1971, S. 9) ebenso „chamäleonartig" (Kilchenmann 1971, S. 10) sind wie der Forschungsgegenstand selbst. Die Kurzgeschichte ist als jüngste literarische Gattung zugleich auch die poetologisch umstrittenste und entzieht sich nach Meinung Höllerers den Forderungen einer normativen Poetik:

„Eine Dichtungsgattung durch eine Definition ganz und gar festlegen zu wollen, wird nie recht befriedigen; besonders dann nicht, wenn es sich dabei um eine junge und schillernde Gattung handelt wie die Kurzgeschichte". (Höllerer 1962, S. 226)

Der gleichen Ansicht ist auch Bender, wenn er sagt: „Mehr zweideutige als eindeutige Kennzeichen der Kurzgeschichte lassen sich entdecken." (Bender 1962, S. 206) und „Die Kurzgeschichte ist gleisnerisch, sie opalisiert, sie wechselt je nach Örtlichkeit und dem Klima die Farbe. Sie ist das Chamäleon der literarischen Gattung, ein sensibles Reptil, das sich in die Farbe seiner Umgebung tarnt." (Bender 1962, S. 207)

Wenn nun Ruth J. Kilchenmann in ihrer umfassenden Untersuchung der Kurzgeschichte zu dem Schluß kommt, *„daß es keine Kurzgeschichte, sondern nur Kurzgeschichten gibt"* (Kilchenmann 1971, S. 16), scheint die Unklarheit und Verwirrung vollkommen. Den eigentlichen Grund für dieses Dilemma sieht Höllerer in den historischen Bedingungen, aus denen die Kurzgeschichte sich quasi als Notlösung herausgebildet hat. Für ihn ist „die Kurzgeschichte ein Sammelplatz all *der* Eigenarten geworden, die die traditionellen Prosagattungen nur am Rande neu aufnehmen konnten, die sich ihnen aber in der neuesten Zeit mehr und mehr aufdrängten" (Höllerer 1962, S. 226). Auch Böll äußert sich dazu in einem Werkstattgespräch mit Bienek (1962). Ihm ist die Kurzgeschichte die liebste und reizvollste Prosaform, und er ist der Ansicht, „daß sie im eigentlichen Sinne modern, das heißt gegenwärtig ist, intensiv, straff. Sie duldet nicht die geringste Nachlässigkeit, und sie bleibt für mich die reizvollste Prosaform, weil sie auch am wenigsten schablonisierbar ist". (Bienek 1962)

Die durch die Kurzgeschichte manifestierte „Strukturveränderung des Erzählers" (Doderer 1973, S. IX) hat ihren Ursprung in den Strukturveränderungen der modernen Welt. So gesehen ist die Kurzgeschichte als literarische Ausdrucksform das Resultat der Auseinandersetzung des Menschen mit einer veränderten, modernen Umwelt, deren drängenden Problemen er ausgesetzt, von deren Fragen er herausgefordert ist, in der er sich auf der Suche nach neuen Daseinsformen zurechtfinden muß.

So deutet beispielsweise die Krise des modernen Romans darauf hin, daß heute die großen epischen Formen nicht mehr in der traditionell gewohnten Form möglich sind. Der Grund dafür liegt in einem neuen Wirklichkeits- und Weltverständnis, das einen Wandel in der Funktion und dem Standort des Erzählers im modernen Roman zur Folge hat. Auf der Suche nach dieser neuen Rolle werden Zweifel an der Erfahrbarkeit und Abbildbarkeit von Wirklichkeit zum ständigen Begleiter des Erzählers, der sich der Vielgestaltigkeit und Komplexität einer sich ständig wandelnden Welt gegenüber sieht, die in ihrer Fülle und Disharmonie von ihm nicht mehr umfassend, sondern nur noch ausschnitthaft begreifbar und erzählbar ist. Das äußert sich z. B. in einer episodenhaft fragmentarischen Darstellungstechnik. Oft wird der Roman selbst oder die Problematik der Beschreibbarkeit von Wirklichkeit zum Thema des Romans. „Der Metamorphose der äußeren Welt und des wissenschaftlichen Denkens entspricht eine Metamorphose der Kunstform ‚Roman'." (Welzig 1967, S. 3)

Die erste grundlegende Bestandsaufnahme der Kurzgeschichte gibt Doderer mit seiner erstmals 1953, inzwischen jedoch mehrfach und neuerdings mit einem einschränkenden Vorwort erschienenen Arbeit. Obwohl in manchem überholt, bietet sie eine geeignete Grundlage zur ersten Information, die durch die neueren Untersuchungen ergänzt bzw. korrigiert werden muß. Für eine schnelle, dichte Information eignet sich deshalb die Zusammenfassung am Ende der Arbeit, in der Doderer seine wesentlichen Ergebnisse thesenartig wiedergibt. Auch im Unterricht kann diese Zusammenfassung eingesetzt werden, wenn bei der Erarbeitung einer geeigneten Definition der Kurzgeschichte eine Orientierungshilfe notwendig scheint. Der Klarheit und der Dichte der Aussage wegen ist sie hier ungekürzt wiedergegeben.

„1. Es besteht in Deutschland Uneinigkeit im Gebrauch des Wortes Kurzgeschichte. Grenzverwischungen liegen vor mit den Begriffen: Anekdote, short story, Novelle, Skizze, Erzählung. Diese Unklarheiten haben ihren Grund in der Entstehungsgeschichte des Wortes Kurzgeschichte, in dem geringen Formbewußtsein für literarische Dinge in unserer Zeit und der ungerechtfertigten Ausweitung des Begriffes „Anekdote" in Deutschland nach 1900.

2. Um die Kurzgeschichte ungehindert definieren zu können, mußten hier erst einmal die „Anekdote" und ihre moderne Theorie in ihre Grenzen verwiesen werden. Denn die Verdrängung der Pointe, die Abkehr von der historischen Wirklichkeit und die Vernachlässigung der Kürze der Anekdote – alles nach der modernen Theorie erlaubt, ja sogar als Element ihrer „Kunstform" hervorgehoben – zerstören nach unserer Meinung geradezu die Struktur der Anekdoten-Form. Interessanterweise hat dies auch Wilhelm Schäfer, der Schöpfer der angeblichen „Kunstform" der Anekdote, selber erkannt und die auf ihm aufbauende Theorie abgelehnt, ohne daß man dies seither beachtet hätte. Viele der angeblichen Anekdoten sind entweder Novellen oder Kurzgeschichten.

3. Trotz der weitverbreiteten Anekdoten-Theorie, die einen großen Prozentsatz der deutschen literarischen Kleinwerke für sich in Anspruch nehmen wollte, gibt es schon seit längerer Zeit an verstreuten Plätzen das Suchen und auch das Erkennen einer neuen, bisher noch nicht einreihbaren Form: die Kurzgeschichte.

4. Die Kurzgeschichte stellt sich nun im wesentlichen dar als die künstlerische Wiedergabe eines entscheidenden Lebensausschnittes (eines Schicksalsbruches). Dabei folgt auf eine Zustandsschilderung der Bericht einer Entscheidung, die den Helden trifft oder die der Held trifft.

5. Nach dem Verhalten des Helden können wir zwei inhaltlich – nicht formal – verschiedene Typen bezeichnen. Die Hauptfigur kann sich dem Schicksalsschlag ausliefern (passiv sein) oder sich ihm stellen (aktiv sein). Wo das Schicksal handelt, sprechen wir vom „Handlungstyp", wo der Mensch mit seiner Haltung im Mittelpunkt steht, sprechen wir vom „Haltungstyp".

6. Durch die Definition der Kurzgeschichte ergeben sich Unterscheidungsmöglichkeiten zur Anekdote. Z. B. hat die Anekdote eine Pointe, die Kurzgeschichte einen Bruch. Die Anekdote will historisch sein, die Kurzgeschichte nicht. Die Anekdote muß einen Helden haben, in der Kurzgeschichte kann das Schicksal das tragende Motiv sein.

7. Die Kurzgeschichte unterscheidet sich auch von der angelsächsischen short story. Während der englische Ausdruck z. T. Ersatzbegriff für den der Novelle, mehr oder weniger ein Sammelname ist, in dem alle epischen Kleinformen Platz finden, ist die Kurzgeschichte eine ganz scharf umrissene Gattung für sich.

8. Von der Novelle sondert sich die Kurzgeschichte dadurch ab, daß jene einen Problemkreis schließt, diese dagegen ihn nur aufreißt. Dadurch gehen beide Gattungen auch in der Behandlung des Ereignisses, des bildbaren Stoffes und der Ausbildung der Idee und des Leitmotivs auseinander. Weiterhin errichtet die Entwicklungslosigkeit und die Themenverengung der Kurzgeschichte eine klare Scheidewand gegenüber der Novelle.

9. Auch gegenüber der Skizze und der Erzählung, ganz zu schweigen vom Roman, bewahrt die Kurzgeschichte ihre Eigenständigkeit. Während die Skizze nur eine Stimmung wiedergibt, enthüllt sich in der Kurzgeschichte ein Schicksalsschlag. Und während die Erzählung ohne feste Gesetzmäßigkeit Ereignisse addiert, beschränkt sich die Kurzgeschichte auf ein einziges und verarbeitet dieses in einer festen Form.

10. Die deutsche Kurzgeschichte ist geistesgeschichtlich erst seit dem Anfang des 19. Jahrhunderts möglich und erst im 20. Jahrhundert wirklich geworden. Während das 19. Jahrhundert einige wenige Vorläufer aufweist, im übrigen aber alles Wesentliche innerhalb der Kleinformen auf dem Gebiet der Novelle leistete, beginnt die eigentliche Entwicklung der Kurzgeschichte in und durch den Naturalismus. Wir haben drei Gruppen unterschieden: erstens die skizzenhaften (milieubetonte Detailschilderung mit abruptem Schlußteil), zweitens die streng epischen (Rückfindung zu starken Stoffen), drittens die objektivistischen Kurzgeschichten (Reportagestil, Verstecken der Effekte)."

Quelle: Klaus Doderer, Die Kurzgeschichte in Deutschland, Darmstadt ⁴1973 (Wissenschaftliche Buchgesellschaft).

Ergänzend und z. T. auch korrigierend nennt Höllerer, von der Intention der Autoren ausgehend, sieben Grundbedingungen für das Entstehen der Kurzgeschichte, verweist aber vorsichtshalber darauf, daß man wesentlich mehr aufstellen könnte.

„Die Autoren gehen darauf aus

Erstens: sich auf die Augenblicksfixierung, und dabei auf die Rolle der Einzelgegenstände, der einzelnen Worte und Gesten zu besinnen.

Zweitens: die Ansichten über Wichtigkeiten und Belanglosigkeiten zu revidieren; an scheinbar belanglosen Situationen entzünden sich die entscheidenden Stellen; sie werden zu Impulsen. Einmalige bedeutende Ereignisse im Stil der Haupt- und Staatsaktion werden dagegen zum Schattenspiel.

Drittens: Geschehnisse erscheinen mehrdeutig, labyrinthisch, und werden dementsprechend andeutend dargestellt.

Viertens: Subjekt und Objekt, Personen und Gegenstände nähern sich in den Momentsituationen aneinander an. Die Objekte bleiben nicht manipulierbar, sondern spielen mit; werden zuweilen grotesk vergrößert und erscheinen übermächtig.

Fünftens: Die Handlung baut sich oft auf einzelne, unverwechselbar festgehaltene, atmosphärisch genau bezeichnete Abschnitte auf, auf Kabinen des Erzählens, die in sich zusammenhalten, die sich gegenseitig stützen oder sich Widerpart geben.

Sechstens: Der Erzähler sucht nicht zu vertuschen, daß er erzählt; er zeigt das ganz offen und desillusionierend. Das führt zuweilen zu stilistischen Arabesken des Erzählens. Es steht im Gegensatz zu Versuchen einiger Novellen, durch Erfinden eines Berichtes, durch das Auffinden einer Chronik das Erzählen zu motivieren.

Siebentens: Unabgeschlossenheit am Anfang und am Ende treten an die Stelle von Streckenberechnungen und Streckenvermessungen mit aufsteigender und abfallender Handlung." (Höllerer 1962, S. 233).

Ortsbestimmung

Eine Kurzgeschichte ist zwar eine (relativ) kurze Geschichte, aber nicht jede kurze Geschichte ist auch eine Kurzgeschichte. Will man eine Ortsbestimmung der Kurzgeschichte in Angriff nehmen, so muß das Problem der Abgrenzung der Kurzgeschichte zu anderen epischen Kurzformen im Zusammenhang mit der Herkunft der Kurzgeschichte gesehen werden.

Der Begriff „Kurzgeschichte" taucht zum erstenmal im Laufe der zwanziger Jahre unseres Jahrhunderts auf. Allerdings sind Wortbedeutung und Gebrauch in dieser Phase keineswegs klar und eindeutig.

Die Tatsache, daß bis in die fünfziger Jahre keine Übereinkunft in der wissenschaftlichen Diskussion über die Kurzgeschichte erzielt werden konnte, führt Doderer auf drei Gründe zurück:

1. die Entstehungsgeschichte und das geringe Alter dieses Wortes und Begriffs,
2. die Vernachlässigung der Formuntersuchungen in der deutschen Literaturwissenschaft im allgemeinen und hier im besonderen,
3. die Sonderentwicklung des Begriffes Anekdote in Deutschland. (Doderer 1973, S. 8)

Seine und die in der Nachfolge erschienenen Arbeiten gehen davon aus, daß die Kurzgeschichte sich heute als selbständige Gattung anderen epischen Kurzformen gegenüber herausgebildet hat. Bei der Frage nach der Herkunft werden als Vorläufer und Wurzeln drei durchaus gleichrangig aufzufassende Möglichkeiten genannt:

1. die Anekdote
2. die Novelle
3. die short story.

Obwohl auf diesen vorhandenen literarischen Vorläufern aufbauend, vollzieht sich nach Kilchenmann „der eigentliche Durchbruch der Kurzgeschichte als eigenständige Form ... allerdings erst unmittelbar nach dem Zweiten Weltkrieg, wohl zum Teil unter dem Einfluß von Amerika und aus dem Osten, zum Teil aber auch, weil die Kurzgeschichte mit ihrer Möglichkeit der dokumentarischen Zeugenaussage über menschliche Wirklichkeit, mit ihrem scheinbaren Lakonismus, mit ihrer gewollten Kunstlosigkeit und Untertreibung, mit ihrer Reduktion von komplizierten Problemen auf äußere Kennzeichen, ihrer Verdichtung und ihrem hinter äußerlicher Unbeteiligtheit verborgenen Engagement dem Lebensgefühl in der Trümmerwelt von 1945 am besten entsprach." (Kilchenmann 1971, S.187)

Inzwischen hat sich aber vieles verändert, und auch die Kurzgeschichte hat von daher eine Wesensveränderung erfahren. Sie ist – nach Kriegsende – „aggressiv, provozierend, antibürgerlich, erregend; sie ist eine Waffe, die sich gegen bürgerliche Trägheit richtet, gegen Vogel-Strauß-Politik, die Unsitten und verheimlichtes Elend aufdeckt; sie hat nichts gemein mit dem epischen Geborgensein des früheren Romans oder gar der einlullenden Feuilletongeschichte" (Kilchenmann 1971, S.188).

Damit ist die Kurzgeschichte flexibler Ausdruck der sich stetig verändernden Gegenwart und kann und darf keine feste Form aufweisen.

„Die Kurzgeschichte ist heute durch Wort, Form und Struktur nicht nur eigenständiger literarischer Ausdruck geworden, sondern kann als Ur-Form zeitgenössischen Sagens bezeichnet werden und weist damit in ihrer Bedeutung über die Gegenwart hinaus in die Zukunft." (Kilchenmann 1971, S.195)

Typologie

Die beiden wichtigsten Versuche zu einer Typologie der Kurzgeschichte stammen von Doderer (1953) und Höllerer (1967).

Doderer geht bei seinem Ansatz von einem inhaltlichen Kriterium aus. Das wesentliche Unterscheidungsmerkmal ist für ihn „der Mensch als handelndes oder der Mensch als ausgeliefertes Wesen" (Doderer 1953, S.43).

Da es für ihn bei der Kurzgeschichte um die Darstellung „eines Schicksalsschlages und dessen Reaktion bei dem Betroffenen geht", unterscheidet er zwischen Schicksalsfügung und Schicksalsführung. Übertragen auf die Figur des Helden gibt es dazu „zwei Möglichkeiten der Reaktion des Helden auf die Situation, in der er gestellt wird: entweder er rafft sich auf und versucht, gegen das Schicksal anzurennen (aktives Verhalten), oder er unterwirft sich dem Geschehen (passives Verhalten). Wir unterscheiden nach diesen Gesichtspunkten zwischen dem Handlungs-Typ und dem Haltungs-Typ" (Doderer 1953, S.44).

Von daher ergibt sich also folgender Zusammenhang:
1. aktives Verhalten – Schicksalsführung – Handlungstyp
2. passives Verhalten – Schicksalsfügung – Haltungstyp

Zur Verdeutlichung führt Doderer entsprechende Textbeispiele an:

1. Handlungstyp
Friedrich Hebbel, „Die Kuh"
Thomas Mann, „Luischen"
Wolfgang Borchert, „Das Känguruh"

2. Haltungstyp
Paul Ernst, „Cassander"

Abschließend sagt Doderer jedoch selbst, daß seine Typologie keineswegs dafür gedacht sei, „einen geschlossenen literarischen Gattungskörper aufzuspalten, sondern nur zur Erleichterung der Orientierung zwei Spielarten zu unterscheiden" (Doderer 1953, S.47). Er will seine Typologie als Anregung verstanden wissen.

Höllerer spricht in seiner phänomenologisch ausgerichteten Analyse neben der Abgrenzung der Kurzgeschichte gegen andere Kurzformen der Prosa auch abschließend von „bezeichnenden Formen" der Kurzgeschichte. Er beschränkt sich auf eine Auswahl und nennt nur drei Möglichkeiten, die noch ergänzt werden können (Höllerer 1962, S. 243).

Höllerer unterscheidet drei Typen:
1. die Augenblickskurzgeschichte
2. die Arabeskenkurzgeschichte
3. die Überdrehungs- und Überblendungskurzgeschichte.

In der Augenblickskurzgeschichte ist der Erzählvorgang auf die Darstellung eines Augenblicks konzentriert.

Das für die Arabeskenkurzgeschichte typische Merkmal sieht Höllerer darin, daß „der Erzähler nicht zu vertuschen sucht, sondern daß er offen und desillusionierend erzählt, was dann zu stilistischen Arabesken des Erzählens führt" (Höllerer 1962, S. 243).
Wichtigste Merkmale sind „zusätzliche Überraschungs- und Kompositionseffekte".
„Die Überdrehungsgeschichten lassen in einer alltäglichen Situation eine groteske oder doch abrupte Veränderung eintreten, damit sind sie abgewandelte Augenblickskurzgeschichten". (Höllerer 1962, S. 244)
Dagegen arbeitet die Überblendungskurzgeschichte mit der Ineinanderblendung verschiedenartigen Geschehens, das sich von der Struktur her durch eine Montage von Versatzstücken äußert. Als Beispiele führt er einige Texte an:
Zu 1: Wolfgang Borchert, „Die Küchenuhr"
Als Abarten – wo zwei oder mehrere Augenblicke zusammen kommen – nennt er:
Ruth Rehmann, „Der Gast" (Akzente 1956, Heft 1)
Heinrich Böll, „Wir Besenbinder"
Hans Bender, „Die Wölfe kommen zurück"
Zu 2:
Vladan Desnica, „Die Geschichte von dem Mönch mit dem grünen Bart" (Akzente 1959, Heft 2)
Zu 3:
Heinrich Böll, „Unberechenbare Gäste"
Wolfgang Borchert, „An diesem Dienstag"

Als gemeinsames Merkmal der drei Gruppen wird der „andeutende Erzählstil" genannt.

Keiner der beiden dargestellten Typisierungsversuche kann als zufriedenstellend angesehen werden, weil keiner die Variabilität des Phänomens Kurzgeschichte in seiner chamäleonartigen Differenzierung abzudecken vermag. Das Resümee der derzeitigen Forschungslage zeigt sich – wie könnte es anders sein – dem untersuchten Gegenstand vergleichbar. Es gibt eben nicht *die* Kurzgeschichte, es gibt nur Kurzgeschichten.
Nun darf diese Feststellung aber keinesfalls zur Resignation angesichts des vielgestaltigen Forschungsgegenstandes führen. Bestimmte inhaltliche und formale Kriterien lassen sich isolieren und treffen für einen großen Teil von Kurzgeschichten zu, wenn sie auch nicht das gesamte Feld abdecken können. Die literaturwissenschaftliche (und damit auch z. T. die didaktische) Problematik besteht vor allem darin, daß man sich bei der Definition auf den kleinsten noch genügend aussagekräftigen Nenner einigen muß. (Vgl. dazu die 4. Unterrichtsstunde)

Methodisch-didaktische Überlegungen zur Gesamtkonzeption der Lernsequenz und zum Einsatz der Teileinheiten

Für den Deutschunterricht stellt sich nun die Aufgabe, einen Weg zu finden, der den Lerngegenstand „Kurzgeschichte" in seiner Gesetzmäßigkeit und Variabilität am konkreten Beispiel aufzeigt und gleichzeitig die zu erwartenden Lernvoraussetzungen und Lernschwierigkeiten berücksichtigt. Es wäre didaktisch verfehlt, wollte man die komplizierte und keineswegs abgeschlossene Problematik der wissenschaftlichen Forschungslage zum Lerngegenstand für die Sekundarstufe I machen. Es kann auch nicht darum gehen, die verschiedenen Positionen und Ergebnisse der Forschung in ihrer vielfältigen Gesamtheit zum Lerninhalt des Deutschunterrichts zu machen.

Das Hauptgewicht der Unterrichtseinheit liegt auf einer phänomenologischen Betrachtung der Kurzgeschichte, ohne daß dadurch jedoch die Fragen nach ihrer Herkunft, Verwandtschaft und ihrer Abgrenzung ausgeklammert werden. Dort, wo es nach Einschätzung der jeweiligen Lernvoraussetzungen und Lernschwierigkeiten dem Unterrichtenden machbar und auch didaktisch geboten erscheint, kann die Stellung der Kurzgeschichte innerhalb der literarischen Kurzform und ihre Herkunft anhand von Textbeispielen aufgezeigt werden. Meines Erachtens aber dürften (wegen der oft fließenden Übergänge) diese Probleme das Differenzierungsvermögen vieler Schüler übersteigen, und die Gefahr einer Überforderung ist hier größer als das zu erwartende Ergebnis. Eine Abgrenzung der Kurzgeschichte sollte mit Hilfe der vergleichenden Textanalyse bei der Anekdote ansetzen, dann kann man darangehen und die Kurzgeschichte gegen Reportage und Novelle abgrenzen (vgl. Lernsequenz 4).

Die der Lernsequenz zugrunde gelegte Textauswahl erfolgt im wesentlichen unter drei Gesichtspunkten. Sie will
1. eine Übersicht über mögliche Realisierungsformen der Kurzgeschichte geben,
2. die durch die Variabilität bedingte Problematik der Abgrenzung von anderen literarischen Kurzformen verdeutlichen (dieser Betrachtungsaspekt ist jedoch vom Schwierigkeitsgrad her erst für die Klasse 10 geeignet) und

3. auf Texte zurückgreifen, die leicht zugänglich sind (entweder in Lesebüchern oder in preiswerten Anthologien).

Die Anordnung der Texte ist so gewählt, daß sie in einer logischen Kontinuität eine phänomenologische Untersuchung der literarischen Kunstform „Kurzgeschichte" und ihre Abgrenzung gegenüber verwandten Formen an mehr oder weniger typischen Beispielen ermöglicht. Von daher gibt sich für die Lernsequenz folgende didaktische Grundkonzeption, die allerdings so offen ist, daß kleinere Sequenzen (Unterrichtseinheiten) und Einzelstunden aus ihr herausgelöst und separat gehalten werden können:
In Stunde 1 bis 6 werden die Texte exemplarisch unter den Gesichtspunkten der Struktur, der Thematik und der Sprache behandelt. In einer vergleichenden Textanalyse wird dann in der 7. Stunde eine erste Bestandsaufnahme der gemeinsamen Merkmale der Texte erarbeitet, eine Wesensbestimmung der Kurzgeschichte versucht und eine vorläufige Begriffsbestimmung als Arbeitsdefinition festgelegt.

Die nun folgenden Stunden haben außer den unterrichtsspezifischen Leitaspekten und Analyseschwerpunkten zwei didaktische Funktionen. Die Schüler sollen
1. die Brauchbarkeit der vorläufigen Begriffsbestimmungen an einigen Texten überprüfen und
2. die Problematik einer Begriffsbestimmung der Kurzgeschichte in der Arbeit mit Texten erkennen, die Kurzgeschichte gegen andere epische Kurzformen abgrenzen und Übergangsformen aufzeigen.

Die unter diesen Gesichtspunkten erfolgte Textauswahl soll dabei die Vielfalt der Möglichkeiten der Kurzgeschichte dokumentieren.
Sie soll diese Vielfalt in einem wiederholen-

den Rückblick aufarbeiten und über die Verdeutlichung der Problematik hinaus eine Revision der Begriffsdefinition vornehmen und auf die Gefahr einer normativen Poetik für die Literatur aufmerksam machen.

Zur Konzeption der Lernsequenzen

Die Konzeption der Unterrichtsprojekte zur Kurzgeschichte weist eine klare Dreiteilung auf:
1. Einführungsphase und Präsentationsphase (Lernsequenz 1)
2. Haupt- und Differenzierungsphase
   a) Inhaltliche Erschließung eines Themenbereiches durch Kurzgeschichten (Lernsequenz 2)
   b) Formale Aspekte der Kurzgeschichte (Lernsequenz 3)
   c) Abgrenzungsmöglichkeiten der Kurzgeschichte von anderen epischen Kurzformen (Lernsequenz 4)
3. Schlußphase (Lernsequenz 5)
   a) Zur Problematik einer Begriffsbestimmung der Kurzgeschichte
   b) Exkurs: Möglichkeiten einer Typologie der Kurzgeschichte

Diese drei Phasen sind in fünf Lernsequenzen mit verschiedener didaktischer Zielsetzung und unterschiedlichen fachspezifischen Analyseschwerpunkten unterteilt.
In der Lernsequenz 1 geht es in einer phänomenologischen Betrachtungsweise um die Herausarbeitung von Wesensmerkmalen der Kurzgeschichte nach dem exemplarischen Prinzip.
Die Lernsequenz 2 eröffnet die Haupt- und Differenzierungsphase und bietet, neben den inhaltlichen Analyseschwerpunkten, die Möglichkeit, die Wesensmerkmale textanalytisch anzuwenden (Transfer).

In der 3. Lernsequenz geht es vor allem um die Untersuchung formaler Aspekte der Kurzgeschichte, wobei erzähltechnische Analyseschwerpunkte dominieren.
Die Lernsequenz 4 befaßt sich mit der Abgrenzung der Kurzgeschichte von anderen epischen Kurzformen wie Anekdote, Reportage, Kalendergeschichte und Novelle.
Zum Abschluß wird in der Lernsequenz 5 zunächst die Problematik einer normativen Poetik erläutert, und in einem Exkurs werden Typologisierungsmöglichkeiten der Kurzgeschichte vorgestellt.

Die hier vorliegende Lernsequenz Kurzgeschichten umfaßt 23 Stunden. Nun wird aber wohl kein Lehrer, der in der Sekundarstufe I das Thema Kurzgeschichte behandeln will, dafür 23 oder auch mehr Stunden aufwenden können. Deshalb brauchen die hier vorgeschlagenen Sequenzen auch nicht als eine geschlossene Einheit aufgefaßt und durchgeführt zu werden, sondern können je nach Bedarf in kleinere Einheiten unterteilt werden, die der individuellen Disposition des Lehrers entgegenkommen. Darüber hinaus läßt die offene Konzeption es zu, daß die einzelnen Stunden auch separat gehalten werden können.
Die Anzahl der vorgeschlagenen Texte und Stunden ist primär als Angebot und Orientierungsrahmen aufzufassen, durch den die didaktische Vielfalt der Kurzgeschichte mit Hilfe eines breiten Spektrums von verschiedenen Betrachtungsaspekten und Arbeitsmethoden verdeutlicht werden soll.

Methodenkonzeption

Die methodischen Möglichkeiten sind jeweils in den Stundenverlauf integriert und im Rahmen der einzelnen Unterrichtsschritte konkretisiert. Als Orientierungsschwerpunkte sind jedem Unterrichtsschritt entsprechende Leitfragen zur Erarbeitung beigegeben.

Um den individuellen Dispositionsspielraum des Lehrers zu erweitern, enthalten die einzelnen Stunden eine Textdarstellung, die alle im Stundenverlauf vorgeschlagenen thematischen Leitaspekte berücksichtigt, darüber hinaus aber noch andere Betrachtungsaspekte enthält, die der Lehrer zur Verlagerung oder Ergänzung von Analyseschwerpunkten nutzen kann.

Im Anschluß an den Stundenverlauf wird jeweils auf methodisch-didaktische Varianten und Ergänzungen hingewiesen.

Wenn die Lernsequenz ganz oder teilweise in Form des Gruppenunterrichts durchgeführt werden soll, so sollte dabei eine Kombination von arbeitsteiligem und themengleichem Gruppenunterricht gewählt werden. Die gemeinsame Ausgangsbasis ist dabei für alle Schüler der vollständige Text.

Aus Zeitgründen und wegen der durch die Betrachtungsaspekte Thematik, Struktur und Sprache resultierenden didaktischen Dreiteilung empfiehlt sich eine Einteilung des jeweiligen Lernbereichs in drei Lernfelder mit unterschiedlichen Lernzielen. In der Praxis bedeutet das eine Einteilung in drei arbeitsteilige Gruppen. Um die Möglichkeit zur Ergänzung, Kontrolle und Korrektur der einzelnen Gruppenergebnisse zu geben, wird jeder dieser drei arbeitsteiligen Gruppen je eine themengleich arbeitende Gruppe als Kontrollgruppe zugeordnet, so daß der Klassenverband in insgesamt sechs Gruppen aufgeteilt wird. Bei der Verteilung der Arbeitsaufgaben ist darauf zu achten, daß der Schwierigkeitsgrad der Aufgaben dem Leistungsvermögen der Gruppe entspricht. In Abänderung der auf den Stundenblättern aufgeführten Lernschritte gliedert sich die Stunde, wenn man die Einstimmungs- und Motivationsphase außer acht läßt, in vier Phasen:

1. eine Verteilungsphase, in der die Aufgaben an die einzelnen Gruppen verteilt und evtl. Sacherklärungen gegeben werden;
2. eine Gruppenarbeitsphase, in der die Gruppen selbständig arbeiten;
3. eine Berichtsphase, in der die Gruppensprecher die Arbeitsergebnisse vortragen und die Kontrollgruppe die Möglichkeit zur Ergänzung und Korrektur wahrnimmt;
4. eine Integrationsphase, in der die Teilergebnisse gemeinsam unter Anleitung des Lehrers zu einem Gesamtergebnis zusammengefaßt werden.

In dem einen oder anderen Fall wird es sich aus Zeitgründen jedoch empfehlen, die Arbeitsaufgaben der Gruppen als Hausaufgabe aufzugeben.

Die Fragen und Arbeitsanweisungen zum Gruppenunterricht sind vorwiegend unter dem Aspekt abgefaßt, daß sie im Sinne einer Orientierungshilfe die Zielrichtung und das jeweils abzudeckende Lernfeld angeben (bzw. voneinander abgrenzen). Da die Lernvoraussetzungen und Lernschwierigkeiten gerade in der Sekundarstufe sehr unterschiedlich sind, muß bei der Anwendung des Gruppenunterrichts eine der jeweiligen Lernsituationen angemessene altersstufenmäßige und lerngruppenspezifische Modifizierung und Differenzierung vorgenommen werden. Inwieweit also die Vorschläge zum Gruppenunterricht dementsprechend umformuliert, differenziert, im Umfang erweitert oder begrenzt werden müssen, kann nur der Unterrichtende selbst entscheiden.

Darüber hinaus besteht natürlich die Möglichkeit, die Leitfragen und Arbeitsanweisungen des Gruppenunterrichts auch in die Verlaufsplanung des Frontalunterrichts (in einer altersstufengemäßen Modifizierung) zu integrieren. In dem einen oder anderen Fall können diese Fragen auch für eine vor- oder nachbereitende Hausaufgabe verwendet werden.

Gegenstandsanalysen –
Darstellung
der Unterrichtseinheiten

Die Darstellung der einzelnen Stunden orientiert sich an folgendem Schema:

1. methodisch-didaktische Vorüberlegungen zur Stunde
2. Lernzielintention
3. Textdarstellung
4. Unterrichtsverlauf (in Phasen gegliedert)
5. Varianten (methodisch-didaktische Alternativen zur Stunde und zum Stundenverlauf)

Der zeitliche Rahmen der Stunden ist so angelegt, daß bei optimaler Einhaltung der Unterrichtsschritte (vgl. Stundenverlauf) die angestrebten Lernziele erreicht werden können. Dennoch wird der Lehrer überall dort Modifizierungen vornehmen müssen, wo es die situativen Lernbedingungen und Lernvoraussetzungen erforderlich machen.

Einführungs- und Präsentationsphase

Lernsequenz 1:
Herausarbeitung von Wesensmerkmalen der Kurzgeschichte

Diese fünf bis sechs Stunden umfassende erste Lernsequenz besitzt neben der lernpsychologischen Funktion des Einstiegs und der Motivation die Aufgabe, die Schüler mit einer neuen epischen Kurzform, der Kurzgeschichte, bekannt zu machen. Zunächst werden drei Kurzgeschichten beispielhaft unter den textanalytischen Gesichtspunkten der Thematik, der Struktur, der Sprachgestaltung und der Verfasserintention interpretiert. Es handelt sich dabei um folgende Texte:

Herbert Malecha, ,,Die Probe"
Günther Weisenborn, ,,Zwei Männer"
Wolfgang Borchert, ,,Nachts schlafen die Ratten doch"

Diese drei Kurzgeschichten sind spannend geschrieben und fördern somit die Lesemotivation der Schüler. Die in allen Texten dargestellte außergewöhnliche Situation weckt ihr Interesse und hat auch den Effekt, daß manche Schüler von sich aus mit der selbständigen Lektüre von Kurzgeschichten beginnen und den Lehrer nach entsprechenden Textsammlungen fragen. Vom Inhalt ermöglicht besonders der Text von Wolfgang Borchert ,,Nachts schlafen die Ratten doch" aufgrund der Identifikationsmöglichkeiten mit der Hauptfigur eine zentrale Betroffenheit bei vielen Schülern.

Als Lernziele der Einführungsphase lassen sich festlegen:
– der Schüler soll drei Texte unter den Gesichtspunkten der Thematik, Struktur, Sprachgestalt und Verfasserintention untersuchen können.
– Seine zentrale Betroffenheit durch diese Texte in eigenen Worten zum Ausdruck bringen,
– die Wesensmerkmale der modernen Kurzgeschichte erkennen und nennen können.

1./2. Stunde:
Herbert Malecha
,,Die Probe"

Analyseschwerpunkte:

Spannungsverlauf, Schauplatzwechsel, Stimmungslage der Hauptfigur, Textstruktur, Sprachgestalt, Verfasserintention

Vorüberlegungen:

Die 1955 erschienene Kurzgeschichte eignet sich wegen ihres Mustercharakters vorzüglich als Einführungstext der Unterrichtsreihe. Sie zeigt in Thematik, Struktur, Sprache und Intention die typischen Wesensmerkmale der literarischen Gattung Kurzgeschichte. Im Rahmen eines Preisausschreibens der Wochenzeitung ,,Die Zeit" erhielt sie den ersten Preis.

Lernziele:

Bezogen auf den Musstercharakter des Textes werden folgende Lernziele angestrebt. Der Schüler soll:

- die Thematik des Textes erkennen,
- den Aussagegehalt des Textes erfassen,
- die Struktur des Textes (expositionsloser, unvermittelter Beginn, Steigerung bis zum Höhepunkt, unvermittelter offener Schluß) erkennen,
- begreifen, was der Verfasser mit dem offenen Schluß beabsichtigt,
- die Wassermetaphorik und ihre Funktion erkennen,
- erkennen, daß ein Mensch sich nicht verleugnen kann,
- die beiden Proben (im Lokal und in der Ausstellung) erkennen und den Unterschied erklären können.

Textdarstellung:

Die Geschichte setzt unvermittelt, ohne jede Exposition ein. Mit dem ersten Satz ist der Leser schon ins Geschehen hineingezogen.

Jens Redluff, ein gesuchter Verbrecher, wagt sich nach dreimonatigem Untertauchen wieder auf die Straße. Nur knapp entgeht er einem Verkehrsunfall. Seine Unsicherheit äußert sich in einer „Welle von Schwäche", die in ihm aufsteigt, und nur langsam läßt „das Klopfen im Halse nach". Eine Fülle von Metaphern („Platzregen von Gesichtern", „mitzuschwimmen in dem Strom", ... „ein Strom flutender Gesichter") veranschaulicht Redluffs Zustand, seine Unsicherheit, die sich in einem Gefühl des hilflosen Treibens und Getriebenwerdens äußert.
Er flieht vor der Menge in eine kleine Kneipe, wo er seine erste Probe zu bestehen hat. Kaum hat er Platz genommen, betritt eine Zivilstreife die Kneipe und beginnt mit einer Ausweiskontrolle. Die Angst Redluffs zeigt sich an körperlichen Reaktionen („klammert sich an die Tischkante", „sah wie die Fingernägel sich entfernten", „Schwindelgefühl"). Bei dieser überraschenden Razzia bewährt

sich der gut gefälschte Paß. Redluff bleibt unentdeckt.
Redluffs jäher Stimmungsumschwung, die Euphorie, die ihn plötzlich packt, wird durch die Musikkulisse hervorgehoben. Während bei seinem Eintritt der Musikautomat zu „hämmern" begann, setzt nach geglückter Probe die Musik „triumphierend" ein.
Redluff hat jetzt seine alte Sicherheit wiedergefunden; der Menge auf der Straße tritt er selbstbewußt und siegesgewiß gegenüber. Hat er zu Beginn die Begegnung mit der Menge als bedrohlich empfunden, heißt es nun: „Er gehört wieder dazu, er hatte den Schritt der vielen, es machte keine Mühe mehr." Die Integration ins normale menschliche Leben scheint ihm gelungen.
Das Verhängnis bricht jedoch plötzlich und unverhofft über ihn herein. Gerade in dem Augenblick, in dem er sich am sichersten fühlt, kommt es zur unvermittelten Selbstentlarvung. Als hunderttausendster Besucher einer Ausstellung nach seinem Namen gefragt, nennt er seinen richtigen Namen und wird verhaftet.

Diese überraschende Wendung des Geschehens bildet Erzählhöhepunkt und Schluß des Textes zugleich; dieses Zusammenfallen von Erzählgipfel und Schluß, das jähe Abbrechen des Textes ist – genau wie der unvermittelte, expositionslose Beginn – charakteristisch für die Kurzgeschichte.
Das dominierende literarische Gestaltungsmittel in diesem Text, auf das unbedingt im Verlauf der Betrachtung eingegangen werden muß, ist die Bildhaftigkeit der Sprache mit ihren Vergleichen und ihrer ausgeprägten Metaphorik, speziell der Wassermetaphorik. Falls die Schüler die rhetorische Figur der Metapher noch nicht kennen, bietet sich eine gute Gelegenheit, sie in Wesen und Funktion zu erläutern. Die Funktion der Wassermetaphorik in diesem Text ist die eines Stimmungsträgers und Indikators für den inneren Zustand der Hauptfigur.

18

Beispiele der Wassermetaphorik:
Welle von Schwäche
Platzregen von Gesichtern
mitzuschwimmen in dem Strom
ein Strom flutender Gesichter
eintauchen
weiter getrieben
Menschenstrom
im Sog der Menge
Rinnsale
flutete Musik
Scheinwerferlicht übergoß ihn

Vergleiche:
wie ein Kork auf dem Wasser
wie von Holz
wie ein Vertreter
Ihm war, als...
stand wie betäubt

Umgangssprachliche Einflüsse sind anhand folgender Ausdrücke nachweisbar:
Hat es Ihnen was gemacht?
schwach werden
das hätte ihm gerade noch gefehlt
überhaupt raus aus allem
nicht schlecht dafür bezahlt
verdammte Einbildung

Die Struktur des Textes wird am besten durch eine kurze Verlaufsskizze an der Tafel erläutert. Eine solche Verlaufsskizze macht die zwei Erzählgipfel (erste Probe – Selbstentlarvung) deutlich und gibt auch Gelegenheit, die charakteristischen Strukturmerkmale der Kurzgeschichte, den unvermittelten Einstieg ins Geschehen und den unerwarteten offenen Schluß, der oft wie ein Bruch im Erzählgeschehen erscheint, mit den Schülern zu besprechen.

Durch den Wechsel des Schauplatzes (Straße – Café – Straße – Ausstellung) wird das Erzählgeschehen gegliedert. Das Geschehen auf der Straße hat jeweils die Funktion, auf einen Erzählhöhepunkt vorzubereiten und darauf hinzuführen. Das Vorkommen der Wassermetaphorik ist an den Schauplatz Straße gebunden. Das Zusammenwirken von Inhalt und stilistischen Gestaltungsmitteln, das der klaren, übersichtlichen Stukturierung des Textes dient, kann anhand dieses relativ einfachen Beispiels den Schülern verdeutlicht werden.

Unterrichtsverlauf:

Unterrichtsschritt 1:

Einstieg und Motivation erfolgen durch die Ankündigung der Lektüre der Kurzgeschichte „Die Probe" von Herbert Malecha. Hinweise auf die Person und Lebensumstände des Autors sind nicht notwendig, da das Interesse der Schüler durch den vom Lehrer vorgelesenen Text, den die Schüler aufmerksam mitverfolgen, gefesselt wird.
Damit beim Erstleseverstehen keine begrifflichen Verständnisschwierigkeiten durch unbekannte Wörter entstehen, sollten entsprechende Sacherklärungen vorangestellt werden, z. B.
– brüsk: schroff, schnell, rücksichtslos,
– brackig: faul, nicht trinkbar,
– Kaskade: stufenförmiger Wasserfall,
– Kordon: Kette von Polizeiposten, von französisch cordon = Schnur, Seil
– aufgetakelt: (übertrieben) zurechtgemacht.

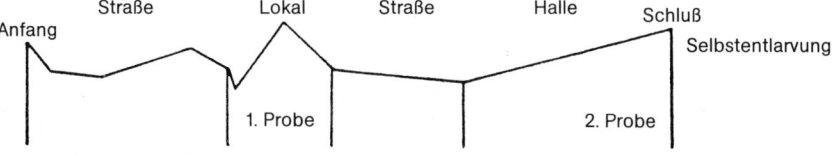

Entwurf H. Haller in Interpretationen I–VI Hirschgraben Frankfurt ²1976, S. 81

Unterrichtsschritt 2:

Nach der Lektüre und der evtl. noch notwendigen Erklärung von Begriffen und Zusammenhängen werden die Schüler dazu angehalten, ihre Erstleseeindrücke in einem freien Unterrichtsgespräch zu äußern. Dabei gehen die Schüler auf die verschiedenen spannenden Momente des Textes ein, nennen Höhepunkte der Spannung und können unter Umständen den Spannungsablauf auch grob beschreiben.

Unterrichtsschritt 3:

Im Anschluß an die Schilderung der Erstleseeindrücke beginnen wir mit der Inhaltssicherung. Zu diesem Zweck wenden wir eine Kombination von themengleichem und arbeitsteiligem Gruppenunterricht an. In der Klasse werden sechs Arbeitsgruppen gebildet, wobei je zwei Gruppen eine themengleiche Arbeitsaufgabe erhalten; die Arbeitsfelder können wie folgt aufgeteilt werden:
Gruppe 1 und 2:
Entwerft eine Gliederung nach selbstgewählten Gesichtspunkten! (alternativ: Entwerft eine Gliederung unter dem Gesichtspunkt des Spannungsverlaufs / der Schauplätze der Handlung!)
Gruppe 3 und 4:
Wie läßt sich der Spannungsverlauf durch eine Kurve darstellen? (– Höhepunkte – Spannungsanstieg – Spannungsabfall – Spannungshöhe)
Gruppe 5 und 6:
Entwerft eine kurze Inhaltsangabe! Beachtet dabei das Handlungsgerüst!
Die Rolle des Lehrers beschränkt sich in der Gruppenarbeitsphase darauf, den einzelnen Gruppen Hilfen und Anregungen bei ihrer Arbeit zu geben.

Unterrichtsschritt 4:

Diese Unterrichtsphase wird durch die Berichte der einzelnen Arbeitsgruppen eingeleitet, wobei die jeweils themengleiche Gruppe als Kontrollgruppe die Möglichkeit zur Korrektur und Ergänzung des vor dem Plenum vorgegebenen Berichts hat. Die Arbeitsergebnisse werden in der Reihenfolge des Vortrags als Gesamtergebnisse an der Tafel zusammengefaßt. (Als Strukturierungshilfe dient dabei die Tafelskizze auf dem Stundenblatt zu dieser Stunde.)

Unterrichtsschritt 5:

Nachdem die Arbeitsergebnisse im Tafelbild zusammengestellt und durch eine kurze Wiederholung gesichert sind, wird die Hausaufgabe für die nächste Stunde gestellt. Diese kann in Anlehnung an die durch den Gruppenunterricht gewählten Arbeitsgruppen themengleich oder arbeitsteilig gestellt werden. Wenn die erste und zweite Stunde als Doppelstunde gehalten werden können, wird die Hausaufgabe zum Gegenstand des Gruppenunterrichts gemacht, und den einzelnen Gruppen werden die Arbeitsaufgaben entsprechend zugeordnet. Die Hausaufgaben oder Arbeitsanweisungen dienen zur Vorbereitung der vertiefenden Interpretation, die nach folgenden Analyseschwerpunkten vorgenommen wird:

1. Herausarbeitung der Struktur des Textes im Vergleich mit der von Aufsätzen und anderen Erzählungen gewohnten Textstrukturen (Einleitung, Hauptteil, Schluß), wobei auf den expositionslosen Beginn und den offenen Schluß eingegangen und diese in ihrer Funktion erläutert werden müssen.

2. Untersuchungen zur Sprachgestalt des Textes:
   a) die Wassermetaphorik und ihre Funktion;

b) Verwendung von umgangssprachlichen Redewendungen und deren Funktion.

3. Die Herausarbeitung des Zusammenhangs zwischen dem Schauplatz der Handlung und der Gemütslage der Hauptfigur (äußeres Geschehen – inneres Geschehen), wobei der Zusammenhang zwischen der Skizzierung der wechselnden Schauplätze und die Charakterisierung der Gemütslage der Hauptfigur (Gefahr, Sicherheit, Unsicherheit) herausgearbeitet und gegenübergestellt bzw. entsprechend zugeordnet werden.

Zur Erschließung der Analyseschwerpunkte werden folgende Arbeitsanweisungen bzw. Fragen gegeben:

1. Wie ist der Text strukturiert? (Vgl. ihn mit der gebräuchlichen dreiteiligen Textstruktur in Einleitung, Hauptteil und Schluß, und zeige Unterschiede auf!)

2. Im dritten und vorletzten Textabschnitt verwendet der Verfasser der Kurzgeschichte viele Vergleiche und bildhafte Ausdrücke. Markiere sie im Text, und überlege, aus welchem Bereich sie vorwiegend stammen! Trage sie in das vorgesehene Schülerarbeitsblatt ein!

3. Suche im Text nach Redewendungen, die der Umgangssprache entstammen! (Welche Redewendungen des Textes entstammen der Alltags- bzw. Umgangssprache?) Trage auch diese Redewendungen in das vorgegebene Arbeitsblatt ein!

Vorschlag für ein Arbeitsblatt

H. Malecha, Die Probe

1. Im dritten und vorletzten Textabschnitt verwendet der Verfasser der Kurzgeschichte auch Vergleiche und bildhafte Ausdrücke. Trage sie in die dafür vorgesehene Spalte ein!
2. Suche im Text nach Redewendungen, die der Umgangssprache entstammen!

Textauswertung

Vergleiche und bildhafte Ausdrücke	umgangssprachliche Redewendungen
– Welle von Schwäche – Platzregen von Gesichtern – mitzuschwimmen in dem Strom – ein Strom flutender Gesichter – eintauchen – weiter getrieben – Menschenstrom – im Sog der Menge – Rinnsale – flutete Musik – Scheinwerferlicht übergoß ihn – wie ein Kork auf dem Wasser – wie von Holz – wie ein Vertreter – Ihm war, als . . . – stand wie betäubt	– Hat es Ihnen was gemacht? – schwach werden – das hätte ihm gerade noch gefehlt – überhaupt raus aus allem – nicht schlecht dafür bezahlt – verdammte Einbildung

Unterrichtsschritt 6:

Zunächst werden die Hausaufgaben bzw. die Ergebnisse der Gruppenarbeit vorgetragen und ggf. Ergänzungen und Korrekturen vorgenommen. Danach werden diese Ergebnisse zu den einzelnen Lernbereichen zu einem Gesamtergebnis in einer Tafelanschrift zusammengefaßt.

Unterrichtsschritt 7:

Die Stunde wird weitergeführt, indem auf die Verfasserintention eingegangen wird. Die Leitfrage zur Erschließung der Wirkungsabsicht des Autors lautet: Was will der Autor mit seinem Text dem Leser sagen? Welche Funktion besitzt der offene Schluß? (Nachdenken des Lesers, Auseinandersetzung mit der Aussageabsicht des Textes). Zum Abschluß wird die Hausaufgabe gestellt. Sie kann sich einmal auf eine reine Wiederholung der Arbeitsergebnisse beschränken. Eine zweite Möglichkeit ergibt sich darin, indem man die Schüler auffordert, die Geschichte zu Ende zu schreiben oder daß verschiedene Möglichkeiten des Ausgangs der Geschichte aufgezeigt werden sollen.

Varianten:

Bei der Gruppenarbeitsphase soll in leistungsschwächeren Klassen anstelle der Inhaltsangabe eine Nacherzählung verlangt werden. Bei der Erarbeitung der Gliederung sollen die Gesichtspunkte vorgegeben werden. Der Gruppenunterricht kann auch ersetzt werden durch ein fragend entwickeltes Lehrer-Schülergespräch, wobei die wichtigsten Ergebnisse in einer Tafelanschrift parallel festgehalten werden. Die Lektüre des Textes kann auch als vorbereitende Hausaufgabe aufgegeben werden. Weitere Analyseschwerpunkte könnten sein:
Die Zeitdarstellung, die Raffung des Geschehens in vier Bildern.

Als weitere Hausaufgabe bietet sich die Beantwortung folgender Fragen an:
Warum entlarvt Jens Redluff sich selbst?
Warum hat der Verfasser die Kurzgeschichte mit dem Titel „Die Probe" versehen?

3./4. Stunde
Günther Weisenborn
„Zwei Männer"

Analyseschwerpunkte:

Gestaltungselemente des Textes, Verhalten der Personen, Spannungsverlauf, Thematik, Sprachgestaltung.

Vorüberlegungen:

Der Text zeichnet sich durch seine gute Überschaubarkeit aus. Seine Lesedauer beträgt etwa 10 Minuten, und das macht ihn zum Vorlesen durch den Lehrer geeignet. Die Lektüre des Textes kann auch als vorbereitende Hausaufgabe zusammen mit dem Erarbeiten einer Gliederung gestellt werden. Der Text weist mit Ausnahme des fehlenden offenen Schlusses die Merkmale der Kurzgeschichte auf.

Lernziele:

Im Zusammenhang mit der Herausarbeitung von Gestaltungselementen der Kurzgeschichte und dem Eingehen auf das Verhalten des Menschen in Grenzsituationen soll der Schüler
– den Inhalt des Textes wiedergeben können,
– den Text gliedern können,
– die Struktur des Textes erkennen,
– den Aussagegehalt (Bewährung des Men-

schen in einer Grenzsituation) eines Textes erkennen,
– Besonderheiten des Sprachstils erkennen,
– Einsicht in menschliche Verhaltensweisen gewinnen,
– fremde Konfliktsituationen verstehen lernen.

Textdarstellung:

Thema dieses Textes ist das Ausgeliefertsein des Menschen an die entfesselten Naturgewalten und seine sittliche Bewährung in dieser aussichtslos erscheinenden Situation. Der Leser wird unvermittelt in das Geschehen hineinversetzt, es wird ihm eine kritische Situation vor Augen geführt, in der das Leben von zwei Menschen durch eine Überschwemmungskatastrophe bedroht wird.

Eine Naturkatastrophe hat den Besitz des Farmers und seines Peons vernichtet. Eine dramatische Zuspitzung der Situation ergibt sich durch das Herannahen des Parana. Während bis dahin nur die materielle Existenz zerstört wurde, ist jetzt das Leben beider Männer direkt bedroht. Sie, die „tausendmal dem Tod ins Auge gesehen" haben und an deren persönlichem Mut kein Zweifel besteht, erleben nun eine grenzenlose Ohnmacht den Naturgewalten gegenüber. Das Dach, auf das sie sich geflüchtet haben, reißt sie mit. In einem „Zug des Todes" werden sie mitgerissen, einem „undurchsichtigen Ende" entgegen. Gegen das Ausgeliefertsein an die Naturgewalt hilft kein Auflehnen. Die aussichtslose Lage der beiden Männer wird verdeutlicht durch den lapidaren Satz: „Der Farmer gab sich noch eine Nacht." An dieser Stelle kann man die symbolische Aussagekraft der Geschichte herausarbeiten. Mit einiger Vorsicht läßt sich der Parana und das Ausgeliefertsein an ihn als das Ausgeliefertsein an das Leben deuten. Es ist jedoch ratsam – weniger wegen der Gefahr einer

Überinterpretation, sondern wegen der möglichen Überforderung der Schüler – diese Interpretation nicht zu forcieren.

In dieser Extremsituation angesichts des nahenden Todes werden die Verhaltensweisen der beiden Männer einander gegenübergestellt. Während das Verhalten des Farmers von Verantwortungsbewußtsein geprägt ist – er trägt das ihm bestimmte Schicksal, ohne jedoch in Resignation zu verfallen –, regt sich im Peon der Selbsterhaltungstrieb und gibt ihm die Mordabsicht ein. Die entscheidende Wende, der Gesinnungswandel des Peons, wird ausgelöst durch die symbolische Geste der Teilung der letzten Zigarette. („Als er den würzigen Geschmack des Tabaks fühlte, wurde aus der Feindschaft langsam ein Gefühl der Treue.") Der Peon beschließt, sich für seinen Herrn zu opfern. An dieser Stelle ist es wichtig, zwischen Anlaß und tieferen Gründen zu unterscheiden. Die Teilung der Zigarette gibt den Anstoß, noch einmal über den Mordplan nachzudenken, ausschlaggebend für den Entschluß, sich selbst ins Wasser zu stürzen, sind noch andere Gründe (Verlust der Frau, hoffnungslose Zukunft). Der Farmer hält seinen Peon zurück. Die aufopfernde Geste beider wird belohnt, die Rettung ist zwar zufällig, doch vom ethischen Standpunkt nicht unverdient. Beide haben sich in einer Ausnahmesituation bewährt, haben – den Tod vor Augen – ihren Egoismus überwunden (Peon) bzw. der Versuchung nicht nachgegeben (Farmer).

Der Sprachstil zeichnet sich durch Genauigkeit, Präzision und das Bemühen um äußerste Sachlichkeit aus, alle Emotionen sind zurückgenommen. Der Kontrast zwischen der dramatischen Begebenheit, die erzählt wird, und der lakonischen, in ihrer Kürze oft schonungslosen Darstellung unterstreicht noch die Spannung und Dramatik des Geschehens. Beispiele:
„Der Farmer war vernichtet, das wußte er."
„Seine Frau war ertrunken, als sie sich los-

ließ, um ihre Hände zur Madonna zu erheben. Der Peon hatte drei Blasen gezählt. Ihre Hand hatte die letzte Blase zerschlagen."

„... der Farmer gab sich noch eine Nacht."
„Dieses Donnern war das Todesurteil für die Männer von Santa Sabina."
„Er hatte nichts mehr, was ihn zu leben verlockte."

Ein weiteres Merkmal der Sprache ist die auffällig große Zahl relativ kurzer Sätze, die meist parataktisch aneinandergereiht sind. Die dramatischen, sich oft überstürzenden Ereignisse erhalten so ihre adäquate Wiedergabe.

Unterrichtsverlauf:

Unterrichtsschritt 1:

Die Stunde beginnt mit der Überprüfung der Hausaufgaben der vergangenen Stunde. Zusammenfassende Wiederholung der Ergebnisse der 1. Stunde. Danach wird gleich übergeleitet zum Unterrichtsschritt 2.

Unterrichtsschritt 2:

Nach der Bekanntgabe von Verfasser und Titel werden Sacherklärungen zum Text gegeben: z. B. Fremdwörter, topographische Einordnung des Schauplatzes der Geschichte, wobei auf Lerninhalte des Geographieunterrichts zurückgegriffen werden kann oder die topographische Einordnung der Schauplätze anhand von Wandkarten oder mit Atlasarbeit vorgenommen werden kann.

Unterrichtsschritt 3:

Wir beginnen mit der Lektüre des Textes, der durch den Lehrer vorgelesen werden soll, was sich besonders bei jüngeren Schülern empfiehlt, oder aber einer stillen Lektüre, die von den Schülern selbst geleistet wird. Wenn die Textlektüre als vorbereitende Hausaufgabe aufgegeben wurde, entfällt dieser Unterrichtsschritt, man beginnt gleich mit der in Unterrichtsschritt 4 vorgesehenen Sicherung des Inhaltes in Form einer Gliederung, die auch in Form einer knappen Nacherzählung oder Inhaltsangabe durchgeführt werden kann.

Unterrichtsschritt 4:

Zunächst wird in einer freien Meinungsäußerung den Schülern Gelegenheit zur Schilderung ihrer Erstleseeindrücke gegeben. Dann fahren wir mit der Sicherung des Inhalts fort, wobei wir auf den äußeren und inneren Handlungslauf eingehen und den Handlungsverlauf unter dem Gesichtspunkt des Schauplatzes und der Ereignisse wie folgt gliedern:

„I. *Hauptabschnitt:* Das Geschehen auf der Farm:
  1. Die Situation nach dem Wolkenbruch
  2. Der Einbruch des Stroms
  3. Die ausweglose Lage der beiden Männer

II. *Hauptabschnitt:* Auf dem Strom:
  1. Der Zug des Todes
  2. Die Versuchung des Peons und ihre Überwindung
  3. Die Rettung beider." (Nentwig 1967, S. 87)

Unterrichtsschritt 5:

In enger Anlehnung an die Gliederung und Inhaltssicherung wird nun auf die Textstruktur eingegangen. Der Schüler muß erkennen, daß der Leser ohne große Vorbereitung direkt ins Geschehen hineinversetzt wird. Der Spannungsverlauf kann in einer Steigerung bis zum Höhepunkt von den Schülern graphisch skizziert und der inhaltlichen Gliederung zugeordnet werden (vgl. dazu erste und zweite Stunde).

Zu diesem Unterrichtsschritt leitet der Lehrer über, indem er die Frage stellt: Mit welchen sprachlichen Mitteln wird die Spannung in dieser Geschichte erzeugt? Damit wird auf den Zusammenhang zwischen Inhalt und Form eingegangen. Als herausragende Stilmerkmale sollen anhand von Beispielen herausgestellt werden:

1. das Bemühen um Genauigkeit und äußerste Sachlichkeit der Sprache;
2. der Kontrast zwischen den dramatischen Ereignissen und der nüchternen, oft schonungslosen Darstellung;
3. der Zusammenhang zwischen der Schnelligkeit der sich überstürzenden Ereignisse und der parataktischen Reihung und der Kürze der Sätze.

Zur Auswertung dieses Aspekts bieten sich folgende Textpassagen an:
„Das Dach ging einen langen Weg, es flog reißend zu Tal, es trieb am Rande der großen Urwälder vorbei, es segelte durch eine Herde von Rindern, die mit himmelwärtsgestreckten Beinen tot und still auf dem wirbelnden Wasser trieben, klotzäugige Fische schossen vor dem Schatten des Daches davon, schwarze Aasgeier trieben haufenweise in ein Pferd gekrallt den Strom hinab, sie blickten mordlustigen Auges herüber, Blüten, Möbel und Leichen vereinigten sich zu einem Zug des Todes, der talwärts fuhr, einem undurchsichtigen Ende entgegen...
Das Dach würde auf keinen Fall mehr bis zum Morgen schwimmen, jetzt schon brachen einzelne Bündel ab und schwammen nebenher. Die Männer mitten auf dem Strom wußten nicht, wo sie waren, dichter Nebel fuhr mit ihnen, ringsum das Wasser schien still zu stehen, fuhren sie im Kreis, sie wußten es nicht, sie sahen sich an."

In dieser Unterrichtsphase wird auf das Schicksal der beiden Männer und ihre verschiedenen Verhaltensweisen in dieser gefährlichen lebensbedrohlichen Situation eingegangen. Dazu werden inneres und äußeres Geschehen untersucht und einander zugeordnet, wobei insbesondere auf den Sinneswandel des Indios eingegangen werden muß. Zur Verdeutlichung dieses Zusammenhangs genügt es, wenn man sich auf den zweiten Hauptabschnitt beschränkt und in diesem die unterschiedlichen Motive des Handelns der beiden Hauptpersonen verdeutlicht (Selbsterhaltungstrieb und Verantwortungsbewußtsein als Gegensätze herausstellen). Dabei soll besonders auf den Wendepunkt im Verhalten des Peons eingegangen werden (Selbsterhaltungstrieb, Mordabsicht, Teilung der Zigarette, Treue, Selbstmordversuch, Verhinderung durch den Farmer, Freundschaft).

Stellung der Hausaufgabe.
Die Stunde wird abgeschlossen durch die Bekanntgabe der Hausaufgabe. Dazu sollen die Schüler folgenden Arbeitsauftrag erfüllen: Zeige inhaltliche und formale Ähnlichkeiten zwischen dieser Geschichte und dem Text „Die Probe" von Herbert Malecha auf! Wie hättet ihr in dieser Situation reagiert?

Varianten:

Als Varianten bieten sich u. a. zwei Möglichkeiten an:
1. den Abbruch der Lektüre vor dem Ende. Dann ergeht der Auftrag an die Schüler, selbst einen Schluß zu dieser Geschichte zu schreiben, der dann mit dem vorliegenden Textschluß verglichen wird. Dabei sollen die Schüler in einem freien Unterrichtsgespräch ihren Textschluß begründen.
2. Vorschläge und Arbeitsanweisungen für den arbeitsteiligen Gruppenunterricht. Dazu

wird die Klasse in drei arbeitsteilige untereinander jedoch themengleich arbeitende Doppelgruppen eingeteilt, die mit folgenden Arbeitsanweisungen beauftragt werden:

1. Entwerft eine Gliederung des Textes (verwendet als Gliederungskriterien den Schauplatz der Handlung)!
2. Von welchen Motiven wird das Verhalten des Farmers und des Peons bestimmt? Erläutert die Motive und begründet die Rettung der beiden!
3. Beschreibt und erläutert die Sprachgestalt des Textes und weist auf sprachliche Besonderheiten hin:
   a) Satzform, Wortwahl
   b) Verwendung von Bildern, Vergleichen u. a. rhetorischen Stilmitteln
   c) Fremdwörter (Begründet ihre Verwendung!)

5./6. Stunde:
Wolfgang Borchert
„Nachts schlafen die Ratten doch"

Analyseschwerpunkte:

Wendepunktstruktur, sprachliche Darstellungsformen, grammatikalische Stilanalyse von einzelnen Abschnitten, vergleichende Wortschatzanalyse zwischen Eingangs- und Schlußabschnitt.

Vorüberlegungen:

Als letzter Text der Einführungsphase wird die Kurzgeschichte von Wolfgang Borchert „Nachts schlafen die Ratten doch" behandelt. Sie weckt in besonderer Weise das Interesse der Schüler, weil eine Betroffenheit und Identifikationsmöglichkeit mit der Hauptfigur möglich ist. Auch dieser Text weist typische Merkmale einer Kurzge-

schichte auf. Auffällig ist der klar erkennbare dreiteilige Aufbau aus unvermitteltem epischen Eingang, Dialog und offenem epischen Schluß

Lernziele:

Die Schüler sollen
– die dreiteilige Struktur des Textes erkennen,
– die Situation des Jungen erkennen und verstehen,
– die Auswirkungen des Gesprächs auf das Verhalten des Jungen erkennen,
– den stufenweisen Abbau des Mißtrauens erkennen,
– die Lüge des Mannes und die Bedeutung für den Jungen erkennen und beurteilen (Notlüge),
– den Motivgegensatz Ratten – Kaninchen erkennen, zuordnen und erläutern können,
– die Begegnung mit dem Mann als Wendepunkt im Leben des Jungen begreifen,
– die Gegensätze der Umwelt im epischen Eingang und Schluß erkennen und ihre Bedeutung erläutern können,
– die Verwendung von Umgangssprache am Text nachweisen können,
– den Unterschied zwischen berichtender Erzählweise und szenischer Darstellung kennen,
– eine vergleichende Wortschatzanalyse durchführen können.

Textdarstellung:

Die Geschichte spielt gegen Ende des Zweiten Weltkrieges in einer durch einen Bombenangriff zerstörten deutschen Stadt. Im Mittelpunkt steht ein neunjähriger Junge namens Jürgen. Beim Umreißen der Ausgangssituation wird zunächst die Umwelt des Jungen beschrieben. Diese ist eine hohle, dunkle düstere, leblose „Schuttwüste", eine Welt der Zerstörung. Erste Spannung kommt auf, als es heißt: „Jetzt haben sie mich." In der Folge entwickelt sich aus der Begegnung des Jungen mit dem älteren Mann ein Gespräch, das für den Jungen eine entscheidende Wende herbeiführt. Vorsichtig und ohne aufdringlich zu sein, gelingt es dem Mann, die anfängliche Angst und das ablehnende Mißtrauen des Jungen durch seine geschickten Fragen Schritt für Schritt abzubauen.

Die anfängliche Ablehnung wird zur Unsicherheit und führt dann über ein abwartendes Vertrauen schließlich zur Preisgabe des Geheimnisses, die zugleich die Wende einleitet.

Von besonderer Wichtigkeit ist dabei die Art und Weise, in der der Mann dem Jungen sein Geheimnis entlockt. Vorsichtig und fast beiläufig tastet er sich mit seinen Fragen heran, die scheinbare Belanglosigkeit seiner Fragen ist beabsichtigt. Der Grund für das Verhalten des Jungen soll unauffällig ausgeforscht werden.

Nachdem dies gelungen ist, versucht er, eine Verhaltensänderung bei dem Jungen zu bewirken und ihn von seiner sinnlosen Totenwache abzubringen.

Von zentraler Bedeutung ist dabei die Notlüge des Mannes: „Nachts schlafen die Ratten doch." Sie ermöglicht es dem Jungen, seine Totenwache aufzugeben, und erfährt von daher ihre Rechtfertigung. Die geschickte, einfühlsame Taktik des Mannes hat sich ausgezahlt.

Die im offenen epischen Schluß dargestellte Umwelt steht im Gegensatz zu der im Eingang geschilderten. Sie ist Zeichen der Hoffnung auf eine neue Einstellung des Jungen zum Leben. Eine vergleichende Analyse des Eingangs und des Schlusses stellt das klar heraus.

Bei der Betrachtung der Sprache dieser Kurzgeschichte fällt auf, daß es sich beson-

ders im Dialog um eine realitätsbezogene, wirklichkeitsnahe Umgangssprache handelt, die in ihrer Wortwahl und Syntax (auffällig viele kurze Sätze) allein durch die dargestellte Situation bedingt und geprägt ist.

Sie ist durch folgende Beispiele aus dem Text belegbar:
Du schläfst hier wohl, was?
Wohl auf Geld, was!
Nein, auf Geld überhaupt nicht.
Was andres eben,
Pah, kann mir denken, was.
Bist ja ein guter Kerl.
Oha, denk mal an.
Klar, sagte Jürgen.
Wenn ich eines kriegen kann.
Ich will mal versuchen.
Unser Haus kriegte eine Bombe.

Das Kernstück der Erzählung ist zweifellos das Gespräch zwischen Jürgen und dem Mann. Neben der inhaltlichen Seite (Gesprächsführung durch den Mann – Fragestrategien) lohnt sich auch ein Blick auf die formale Komposition, da die Wandlung des Jungen während des Gesprächs auch ihren formalen Niederschlag findet.

1. Die Gesprächsanteile beider Gesprächspartner verschieben sich. Jürgens Anteil am Gespräch hat sich am Ende vergrößert.
2. Gleichzeitig ändert sich auch seine Rolle im Gespräch, von einem reagierenden (antwortenden) zu einem agierenden (fragenden) Dialogpartner.
3. Zu Beginn des Gesprächs sind die Antworten Jürgens kurz, nur auf das Notwendigste beschränkt. Zeichen für seine durch Angst und Mißtrauen bestimmte ablehnende Haltung.

Stundenverlauf:

Unterrichtsschritt 1:

Die Stunde beginnt mit einem kurzen Hinweis auf den Autor und die Bekanntgabe des Titels. Vor der Lektüre, die auch als vorbereitende Hausaufgabe geleistet werden kann, sind in diesem Falle keine weiteren Sacherklärungen zum Text notwendig, da er von seiner sprachlichen Darstellung her der Umgangssprache angenähert ist und keine unbekannten Fremdwörter aufweist bzw. diese aus dem Kontext heraus verstanden werden können (z. B. Schuttwüste, Staubgewölke). Eine weitere Möglichkeit ergibt sich in der Präsentation eines Dias oder einer Fotografie, die eine Trümmerwüste darstellt. Quellen für solche Fotografien finden sich in entsprechenden Geschichtsbüchern.

Unterrichtsschritt 2/3:

Der zweite Unterrichtsschritt ist der Textlektüre gewidmet. Nachdem der Lehrer den Text vorgelesen hat, wird den Schülern die Gelegenheit zur freien Meinungsäußerung gegeben. Zur Sicherung eines Vorverständnisses wird die im Text dargestellte Situation kurz skizziert: Zeit, Ort und Hauptperson werden genannt und beschrieben und an der Tafel kurz festgehalten.

Unterrichtsschritt 4:

Die Schüler werden nun dazu aufgefordert, die Struktur des Textes (Textaufbau) zu untersuchen. Das kann in partnerbezogener oder gruppenunterrichtlicher Arbeitsweise geschehen. Als Arbeits- und Orientierungshilfe sollte man die Aufmerksamkeit auf die sprachliche Darstellungstechnik lenken und die Leitfrage stellen:
– Welche Darstellungstechniken treten im Text auf?

Sollte diese Leitfrage den Erwartungshorizont übersteigen, so kann der Lehrer auf den optischen Eindruck des Textes (Satzspiegel) verweisen oder entsprechende Textpassagen gezielt zur Untersuchung auswählen bzw. die Nahtstellen, an denen die Darstellungstechnik wechselt (berichtende Erzählweise, szenische Darstellung) untersuchen und die Unterschiede herausfinden lassen. Als Arbeitsergebnis wird festgehalten:
1. die dreiteilige Struktur des Textes,
2. die Herausarbeitung, Zuordnung der Darstellungstechniken zu den einzelnen Struktureinheiten.
Dies kann in einer einfachen Skizze verdeutlicht werden (siehe Stundenblatt).

Unterrichtsschritt 5:

Nachdem die dreiteilige Struktur des Textes erkannt ist, leitet der Lehrer das Interesse der Schüler auf den ersten und letzten Textabschnitt, die einer vergleichenden Wortschatzanalyse unterzogen werden. Dazu wird zunächst der Begriff der Wortschatzanalyse geklärt. Unter dem Wortschatz versteht man den gesamten Wortbestand einer Sprache, einer Epoche, eines Autors oder auch eines Textes oder Teile desselben. Eine Wortschatzanalyse untersucht den Wortbestand unter bestimmten Gesichtspunkten (z. B. Wortarten, Häufigkeit der Wortarten, Wortbedeutungen, Wortherkunft u. a.), um Aufschlüsse über Stilmerkmale und ähnliches zu erhalten. In unserem Fall wird eine vergleichende Wortschatzanalyse vorgenommen, um aufgrund festgestellter Bedeutungsunterschiede eine Verhaltensänderung der Hauptfigur zu erkennen. Zu diesem Zweck werden die beiden Textabschnitte unter dem Gesichtspunkt der in ihnen verwendeten bedeutungtragenden Wortarten (Substantive, Adjektive, Verben) vergleichend in einer Tabelle gegenübergestellt.
Dazu werden folgende Arbeitsanweisungen an die Schüler gegeben:

1. Unterstreicht die in den beiden Textabschnitten vorkommenden Substantive, Adjektive und Verben, ordnet sie und stellt sie vergleichend einander gegenüber!
2. Welche Assoziationen lösen diese Wortartgruppen bei dir/euch aus?
3. Um welche Art von Verben handelt es sich, was drücken sie aus?
4. Welche textbezogenen Folgerungen lassen sich daraus ableiten?
   (–▷ Veränderungsprozeß –▷ Wendepunkt).

Für diese Arbeitsphase kann auch ein Schülerarbeitsblatt eingesetzt werden, in das die Ergebnisse eingetragen werden können.

Unterrichtsschritt 6:

Der Lehrer leitet über zur Untersuchung des Dialoges zwischen den beiden Hauptpersonen, die das Kernstück des Textes ausmacht und in dem die Schüler den Grund für die veränderte Situation erkennen und somit das Ergebnis der Wortschatzanalyse besser begründen können. Dieser Unterrichtsschritt besitzt zwei Analyseschwerpunkte:
1. die Herausarbeitung der verschiedenen Phasen der Begegnung und ihrer Folgen im Verhalten des Jungen;
2. die Herausarbeitung der Absicht des Mannes (Notlüge).

Dazu lassen sich folgende Leitfragen formulieren:
Wie ist das Verhältnis des Jungen zu dem Mann am Anfang und wie ist es am Ende des Dialogs?
Beschreibe die einzelnen Phasen der Begegnung und ihre Folgen für das Verhalten des Jungen!
Wie beurteilst du die Aussage des Mannes „Nachts schlafen die Ratten doch"?
Welche Absicht verbindet der Mann mit dieser Aussage?
Was bewirkt diese Aussage bei dem Jungen?

Als Ergebnis werden die einzelnen Phasen der Begegnung und ihre Folgen an der Tafel festgehalten (vgl. Strukturskizze). Über die inhaltlich gehaltliche Seite des Dialogs hinaus kann noch kurz auf die formale Position eingegangen werden (vgl. Textdarstellung). Als Leitfrage dazu läßt sich formulieren: Wie verändern sich Rolle und Gesprächsanteile beider Gesprächspartner im Verlaufe des Gesprächs?

Unterrichtsschritt 7:

Dieser Unterrichtsschritt dient der Untersuchung der Sprachgestalt sowie der Herausarbeitung des Motivgegensatzes Ratten – Kaninchen und seiner Funktion. Zu diesem Zweck untersuchen die Schüler in Partner- oder Gruppenarbeit verschiedene Dialogpassagen, die vom Lehrer so aufzuteilen sind, daß der gesamte Dialog erarbeitet wird. Es empfiehlt sich also, drei gleich lange Textpassagen des Dialogs den Schülern zur Bearbeitung zu geben. Herauszustellen ist die realitätsnahe Umgangssprache, die in Wortwahl, Syntax und Textbeispielen zu belegen ist. Auch sollte auf die Kindgemäßheit der Sprache eingegangen und diese mit entsprechenden Textbeispielen belegt werden.

Zum Abschluß sollten die Schüler noch auf den Motivgegensatz Ratten – Kaninchen und seine Funktion hingewiesen werden. Als Leitfrage dazu dient:
Was bedeuten Ratten und Kaninchen für den Jungen?

Varianten:

Leitfragen und Arbeitsanweisungen für einen arbeitsteiligen Gruppenunterricht:
1. In welche und wie viele Abschnitte läßt sich der Text von seiner Sprachform her gliedern?
   Entwerft eine solche Gliederung!
2. Warum und wie gewinnt der Mann das Vertrauen des Jungen? Stelle einzelne

Phasen der Begegnung fest! Wie beurteilt ihr die Aussage des Mannes „Nachts schlafen die Ratten doch", was will er damit erreichen?

3. Vergleiche den ersten und letzten Abschnitt des Textes miteinander! Beschreibe die Sprache des Jungen und die des Mannes! Wie und mit welcher Absicht sind die Fragen des Mannes gestellt?

Eine weitere Variante ergibt sich darin, daß der Text ohne Angabe des Titels vorgelesen wird und dieser von den Schülern dann selbst zu suchen ist.

7. Stunde: Merkmale der modernen Kurzgeschichte

Analyseschwerpunkte:

Thematik, Struktur, Sprachgestalt, Verfasserintention, Definition der modernen Kurzgeschichte.

Vorüberlegungen:

Die abschließende Stunde der Einführungsphase dient vor allem der Erarbeitung von Merkmalen der modernen Kurzgeschichte unter den oben angegebenen Analyseschwerpunkten. Darüber hinaus wird auf der Grundlage der bisherigen nach dem exemplarischen Prinzip ausgewählten und behandelten Texte eine vorläufige Definition der Kurzgeschichte und ihrer spezifischen Merkmale versucht. Als Methode bietet sich dafür eine vergleichbare Textanalyse unter den vorgegebenen Betrachtungsaspekten an. Als vorbereitende Hausaufgabe für diese Stunde ist eine wiederholende Lektüre der drei behandelten Kurzgeschichten notwendig.

Lernziele:

Auf der Grundlage der vergleichenden Textanalyse werden folgende Lernziele angestrebt:
Der Schüler soll

– die vorgegebenen Texte unter den Gesichtspunkten der Thematik, Struktur und Sprachgestaltung miteinander vergleichen können,

– Gemeinsamkeiten aus diesem Vergleich ableiten können,

– wissen, daß die erarbeiteten Gemeinsamkeiten Merkmale der modernen Kurzgeschichte sind.

Textdarstellung (Stundeninhalt):

Allen drei Kurzgeschichten gemeinsam ist, daß in ihnen ein bedeutendes schicksalbestimmendes Ereignis aus dem Leben eines Menschen dargestellt wird. Es wird kein längerer Abschnitt oder eine Episode aus dem Leben eines Menschen dargestellt, sondern ein auf einen kurzen Zeitpunkt begrenzter Abschnitt, der aber von entscheidender Bedeutung ist, weil er einen Wendepunkt für das weitere Leben markiert.

Bei der Betrachtung der Struktur muß der Schüler erkennen, daß die von der Aufsatzerziehung her gewohnte formale Dreigliederung in Einleitung, Hauptteil und Schluß hier nicht vorhanden ist. In keinem der drei Texte ist eine sogenannte Einleitung zu finden, die den Leser vorbereitet und zum Hauptgeschehen hinführt. Vielmehr wird der Leser sofort in das Geschehen hineinversetzt. Alle drei Texte besitzen also einen unvermittelten (expositionslosen) Beginn. Die auf diese Weise ausgelöste Spannung erfährt eine direkte Steigerung bis zum Höhepunkt, der mit seiner überraschenden Pointe zugleich Wendepunkt ist. Der Schluß ist offen, d. h. der eigentliche Ausgang der Geschichte wird nicht erzählt, er bleibt „offen" und dem Leser zur eigenen Beantwortung überlassen.

Die Texte zeichnen sich aus durch die Dichte der Aussage, durch die Konzentration auf das Wesentliche. Die Sprache ist nüchtern, knapp und sachlich, oft nur andeutend. Verwendet wird eine realitätsnahe, auf die Aussageintention hin funktionalisierte Umgangssprache, die mitunter auch durch Begriffe und Redewendungen aus verschiedenen Fachsprachen (Fachjargons) ergänzt wird. Die Syntax ist in der Regel gekennzeichnet durch meist kurze, einfach gebaute Hauptsätze oder Satzgefüge. Schachtelsätze sind äußerst selten, es sei denn, die dienen im Zusammenhang mit der Forderung nach Realitätsnähe der Charakterisierung einer bestimmten Person, eines bestimmten Sachverhaltes oder Handlungsteils.

Als Orientierungshilfe kann den Schülern neben den selbst erarbeiteten Merkmalen die Definition Nentwigs ergänzend zum Vergleich gegeben werden:
„Sie (die Kurzgeschichte) gestaltet in einer dem Alltag angenäherten Sprache einen bedeutenden Ausschnitt oder einen schicksalbestimmenden Augenblick aus dem Leben eines Alltagsmenschen. Dem Ausschnitthaften des Stoffes entspricht ihr Kompositionsprinzip: der unvermittelte Anfang und der ins Offene ausgehende Schluß. Höhepunkt, Wendepunkt und Schluß fallen bei den meisten modernen Kurzgeschichten zusammen". (Nentwig 1971, S. 19)

Stundenverlauf:

Unterrichtsschritt 1:

Ausgangspunkt der Betrachtung ist zunächst einmal eine knappe wiederholende Inhaltsangabe der drei behandelten Texte, wobei die Schüler die Möglichkeit haben sollen, ihre Aufzeichnungen aus den vergangenen Stunden zu benutzen. Im Anschluß daran wird das Arbeitsfeld dieser Stunde vom Lehrer abgesteckt, indem er den Schülern mitteilt, daß die behandelten Texte nun unter den verschiedenen Gesichtspunkten der Thematik, der Struktur der Sprachgestalt und der Verfasserintention vergleichend untersucht werden sollen. Zu diesem Zweck wird die Klasse in sechs Gruppen eingeteilt, wobei drei Doppelgruppen themengleich bzw. arbeitsteilig arbeiten. Dazu wird ein Arbeitsblatt an die Schüler ausgeteilt, das folgende Fragen und Arbeitsaufgaben enthält:

Arbeitsblatt:
Bisher haben wir drei Texte besprochen bzw. interpretiert, wir wollen nun diese Texte unter drei vorgegebenen Gesichtspunkten untersuchen und ihre gemeinsamen Merkmale herausfinden.

Gruppe 1 und 2:
Stellt Gemeinsamkeiten der Thematik fest!
a) Über welche Ereignisse wird berichtet?
b) Welche Bedeutung haben diese Ereignisse im Leben der Hauptfiguren?
c) Wie groß ist der dargestellte Zeitraum? (Erzählte Zeit)

Gruppe 2 und 3:
Stellt Gemeinsamkeiten der Struktur fest!
a) Wie setzen die Texte ein?
b) Wie enden sie?
c) Wo liegt der Höhepunkt der Texte?
d) Wo liegt der (unvermittelte) Wendepunkt?
e) Wie reagiert der Leser auf den Schluß?

Gruppe 5 und 6:
Stellt Gemeinsamkeiten der Sprachgestalt fest! Beschreibt den Satzbau, die Wortwahl und den Sprachstil der einzelnen Texte!
Welche sprachlichen Besonderheiten weisen die verschiedenen Texte auf?
Versuche, die sprachlichen Besonderheiten aus dem inhaltlichen Zusammenhang der Texte zu begründen!

Bei der Betrachtung der Struktur der Texte müssen die Schüler erkennen, daß die von der Aufsatzerziehung her gewohnte formale Dreigliederung in Einleitung, Hauptteil und Schluß hier nicht vorhanden ist. Schwierigkeiten können unter Umständen bei den Vergleichen der Struktur im Zusammenhang mit dem Text von Wolfgang Borchert „Nachts schlafen die Ratten doch" auftreten. Dort besteht die Möglichkeit, daß die durch verschiedene epische Darstellungstechniken gegebene Dreiteilung des Textes mit einer formalen Gliederung in Einleitung, Hauptteil und Schluß verwechselt werden. Hier genügt dann ein klärender Hinweis auf den Unterschied zwischen einer formalen Gliederung in Textabschnitte und einer inhaltlichen in Erzählschritte. Außerdem ergeben sich von der Funktion her deutliche Unterschiede.

Unterrichtsschritt 2:

In dieser Phase arbeiten die Schüler selbständig mit den Texten unter den Gesichtspunkten, die auf dem Arbeitsblatt angegeben werden. Der Lehrer sieht seine Aufgabe vor allen Dingen darin, bei evtl. auftauchenden Schwierigkeiten in den Gruppen eine entsprechende Hilfestellung zu geben.

Unterrichtsschritt 3:

Nachdem die Gruppenarbeit abgeschlossen ist, tragen die Gruppensprecher der einzelnen Gruppen die Arbeitsergebnisse vor, wobei den Kontrollgruppen die Möglichkeit zur Ergänzung und Korrektur gegeben wird. Das Ergebnis wird jeweils an der Tafel festgehalten. (Vgl. Strukturskizze)

Unterrichtsschritt 4:

Nachdem wesentliche Merkmale der modernen Kurzgeschichte unter den Gesichtspunkten der Thematik, Struktur und Sprachgestalt mit Hilfe eines Textvergleiches erkannt und zusammengestellt sind, leitet der Lehrer mit einer Leitfrage über zur Herausarbeitung der Verfasserintention:
Leitfrage: Was wollen die Verfasser der Kurzgeschichten durch ihre Texte erreichen? Welche Absicht verbinden sie mit dem Schreiben von Kurzgeschichten?
Die Schüler müssen die durch den offenen Schluß bedingte lehrhafte Absicht erkennen und sie als möglichen Ausdruck des Verfassers und seiner Auseinandersetzung mit der Wirklichkeit erkennen. Als Ergänzung zu diesem Unterrichtsschritt kann man noch kurz auf den Autorentyp der Kurzgeschichte eingehen. Als Quellenmaterial zur Erarbeitung dieses Gesichtspunktes benutzen wir einen Textauszug aus Hans Bender, „Ortsbestimmung der Kurzgeschichte" (1962).

Unterrichtsschritt 5:

Den Abschluß der Stunde bildet eine Wiederholung. Da die Schüler nun die Merkmale der Kurzgeschichte kennen, sollten sie auch in der Lage sein, dieses Wissen in einem textanalytischen Transfer selbständig auf einen oder mehrere Texte anzuwenden. Als Lernzielkontrolle (Hausaufsatz oder/und Klassenarbeitsthemen) sollte man sie deshalb eine Kurzgeschichte auf ihre Wesensmerkmale hin untersuchen lassen. Dies kann je nach dem Leistungsstand der Klasse in einer global allgemeineren oder aber einer differenzierteren Themastellung erfolgen.

Vorschläge für Themenstellungen:
1. Inwiefern weist der Text ... Merkmale einer modernen Kurzgeschichte auf?
2. Weise nach, daß der Text ... eine moderne Kurzgeschichte ist!
3. Fragen zum Text (Beispiele, unter denen der Lehrer auswählen kann).
   – Welche Situation wird im Text dargestellt? Um welche Textgattung handelt es sich? Begründe deine Ansicht!

32

– Wie ist der Text aufgebaut?
– Zeige sprachliche Besonderheiten des Textes auf und begründe ihre Funktion für den Aussagegehalt! Was will der Verfasser des Textes erreichen – zum Ausdruck bringen? Gehe dabei besonders auf den Schluß des Textes ein!
– Gib eine vergleichende Wortschatzanalyse (Wortarten, Wortbedeutungen) des ersten und letzten Textabschnittes, und deute das Ergebnis aus dem Kontext der Gesamtaussage!

Weitere Möglichkeiten der Lernzielkontrolle bieten sich dadurch, daß man einen der in den weiteren Phasen dieses Bandes dargestellten Text mit dem in den Stundenverläufen und Textdarstellungen vorgeschlagenen Leitfragen untersuchen läßt.

Varianten und Ergänzungsmöglichkeiten der Einführungsphase:

Auf der Grundlage der Kenntnis der Wesensmerkmale der Kurzgeschichte bieten sich mit Hilfe der Verwendung von entsprechenden Quellenmaterialien zwei Ergänzungsmöglichkeiten durch neue Betrachtungsaspekte an:
1. eine nähere gattungstypologische Ortsbestimmung der Kurzgeschichte;
2. die Herausarbeitung des Zusammenhangs zwischen Zeitgeist und literarischen Äußerungsformen, wobei die Kurzgeschichte als „Resultat des Zeitklimas" (Bender) und als eine „Erscheinung der Moderne" (Laube) dargestellt wird.

Da eine Erarbeitung dieser Gesichtspunkte auf der Grundlage von Primärtexten eine sehr große Anzahl dieser Primärtexte erforderlich macht, ist es aus Zeitgründen zweckmäßiger, die Auswertung anhand von entsprechenden theoretischen Texten zur Gattungsform Kurzgeschichte vorzunehmen. Als Quellenmaterialien bieten sich dafür u. a. drei Textauszüge an:
1. Ruth Lorbe, Die Kurzgeschichte der Hundertwende (1957)
2. Hans Bender, Ortsbestimmung der Kurzgeschichte (1962)
3. Walter Höllerer, Die kurze Form der Prosa (1962)

Alle Texte sind in gekürzter Fassung im Leseheft enthalten.
Bei Behandlung dieser Texte sollen die folgenden Lernziele angestrebt werden:
der Schüler soll
– anhand der Texte eine Ortsbestimmung der Kurzgeschichte vornehmen können,
– den für die Kurzgeschichte wichtigen Zusammenhang zwischen Zeitgeist und literarischer Darstellungsform erkennen,
– die Kurzgeschichte als Erscheinung der Moderne begreifen,
– die Kurzgeschichte als Resultat des Zeitklimas (vgl. Borchert) verstehen,
– Grundbedingungen für die Entstehung der modernen Kurzgeschichte kennen und nennen können.

Haupt- und Differenzierungsphase

Nachdem die Wesensmerkmale der Kurzgeschichte herausgearbeitet und mit der Auswertung theoretischer Texte weitere Ergänzungsmöglichkeiten aufgezeigt sind, gilt es, nach dieser Phase auf der Grundlage eines breiteren Textspektrums die Vielgestaltigkeit der Kurzgeschichte in ihrer Thematik und formalen Gestaltung dem Schüler näherzubringen. Die Konzeption der Hauptphase ist so angelegt, daß die Stunden und Lernsequenzen auf der Grundlage der Arbeitsergebnisse der Einführungsphase entweder als geschlossene Lernsequenz oder auch als Einzelstunden eingesetzt werden können, ohne daß dabei der Gesamtzusammenhang verlorengeht. Es liegt in der Hand des Lehrers, die Einzelstunden so auszuwählen, daß er je nach Zeitvorgabe und Leistungsvermögen der Klasse auch Einzelstunden unter Verlagerung der Analyseschwerpunkte zu einer neuen Lernsequenz selbst zusammenstellen kann.

macht ihn betroffen, vielleicht betroffener, als eine kurze Meldung aus Funk, Fernsehen oder Zeitung das tun kann, aus deren Nachrichtenmaterial der Schüler sich, von wenigen Ausnahmen abgesehen, kein rechtes Bild über die zerstörende Wirkung von Krieg, Gewalt und Terror auf den Menschen machen kann.

In dieser Lernsequenz sind *vier* Texte unter den Gesichtspunkten Krieg – Gewalt und Terror zusammengestellt. Als Anknüpfungsmöglichkeit bietet sich ein Hinweis auf den Text von Wolfgang Borchert „Nachts schlafen die Ratten doch", der in der Einführungsphase behandelt wurde.

1. Stunde:
Hans Bender
„Iljas Tauben"

Analyseschwerpunkte:

Einfluß des Krieges auf Charakter und Verhalten des Menschen, Handlungsmotive der beiden Hauptfiguren, Merkmale der Kurzgeschichte

Lernsequenz 2:
Inhaltliche Erschließung
eines Themenbereiches
durch Kurzgeschichten

Vorüberlegungen:

Als Themenbereich für die inhaltliche Erschließung wurde „Krieg – Gewalt – Terror" gewählt. Dieser Themenbereich erscheint sinnvoll und notwendig, da jeder Schüler fast täglich durch die Massenmedien mit diesem konfrontiert wird. Die Konkretisierung im Text der Kurzgeschichten führt ihm das Einzelschicksal anschaulich vor Augen und

Vorüberlegungen:

Der Text soll in den Themenbereich Krieg – Gewalt – Terror einführen. Anknüpfungsmöglichkeiten bieten sich durch den Text von W. Borchert „Nachts schlafen die Ratten doch" (Zerstörung von Mensch und Welt). Wegen seiner Länge sollten die Lektüre und Gliederung des Textes in Erzählschritte als vorbereitende Hausaufgabe geleistet werden.

34

Lernziele:

Der Schüler soll
- den Inhalt des Textes kennen,
- den Text in einzelne Erzählschritte gliedern können,
- Zeit und Ort der Handlung erkennen,
- die Skrupellosigkeit und den Egoismus des Leutnants erkennen,
- den Burschen als Idealisten erkennen,
- die Verhaltensänderung als Wendepunkt im Leben des Burschen begreifen,
- den Tod des Leutnants als Strafe für sein bedenkenloses Verhalten auffassen,
- den Einfluß des Krieges auf die Verhaltensweisen der Menschen erkennen,
- sprachliche und formale Besonderheiten des Textes erkennen,
- erkennen, daß es sich bei dem Text um eine Kurzgeschichte handelt.

Textdarstellung:

Die aus der rückschauenden Perspektive eines erlebenden Ichs erzählte Geschichte spielt im Zweiten Weltkrieg in Südrußland auf der Krim. Hauptpersonen sind ein Leutnant und sein Bursche (von dem die Geschichte auch erzählt wird). Der Erzählvorgang beschränkt sich nicht auf die bloße Darstellung des Geschehens, er enthält auch eine indirekte Stellungnahme und Wertung.

Im ersten Erzählabschnitt der Geschichte (Vorgeschichte mit dreiteiliger Struktur: Abschnitt 1 − 3) wird das Verhältnis des Burschen zu seinem Leutnant charakterisiert, beide verbindet eine gemeinsame Vorliebe für Tauben. Ganz offensichtlich ist, daß dieses rein äußere Zeichen der Verbundenheit auch für eine gewisse innere Verbundenheit der beiden steht. Dieser Teil des Textes liefert die notwendige Information und berichtet, wie es immer war.

Das eigentliche Geschehen beginnt mit der Quartiersuche im Dorf Ossowiny. Der Leutnant und sein Bursche betrachten beide das gleiche Haus, das als Quartier in Frage kommende Haus wird jedoch von beiden unter verschiedenen Gesichtspunkten ausgesucht. Während der Bursche nach den Fensterscheiben sieht, „denn wie die Scheiben waren ihre Bewohner und die Zimmer", starrt der Leutnant „wie hypnotisiert nach dem Haus", weil er auf dem Dach Tauben entdeckt hat. Mit dem „Hier-bleiben-wir" des Leutnants ist die Quartiersuche schnell beendet. Der Bursche erhält von seinem Leutnant die Anweisung, vier Tauben zuzubereiten. Der Versuch, die Tauben zu bekommen, scheitert jedoch am Widerstand der Mutter und Nikolas. Das Nachgeben des Burschen ist das erste Zeichen eines nun einsetzenden inneren Wandlungsprozesses.

Der beginnende Konflikt zeigt sich ganz deutlich in der Reaktion des Burschen, „Ich liebte und haßte diese Tauben". Mitgefühl und Verständnis stehen der Ausführung des Befehls gegenüber. Die Nachricht von der Gefangenschaft Iljas durch die Deutschen verändert jedoch die Situation. Für die Befreiung Iljas will die Mutter alles geben, „was der Herr Offizier sich wünscht". Dazu zählen auch Iljas Tauben, deren Bedeutung dadurch noch einmal hervorgehoben wird, daß sie in der Aufzählung der angebotenen Dinge an letzter Stelle genannt werden (Steigerungsprinzip). Schon hier ahnt der Bursche die betrügerische Absicht des Leutnants („Sie verstand die Worte, aber sie verstand nicht den Ton der Worte").

Der Versuch, den Leutnant durch Zureden umzustimmen, bringt dem Burschen nur die spöttische Bemerkung „Du Idealist" ein. Das Bekenntnis „Ja, ich war ein Idealist" und die „verrückten Ideen in der Nacht, am Morgen und auf der Fahrt nach Baksi" verdeutlichen die innere Wandlung des Burschen, der das Verhalten des Leutnants als eine Gemeinheit empfindet.

In Baksi angekommen, wird der Gegensatz, der sich zwischen dem Burschen und dem

Leutnant aufgetan hat, offenkundig. Während der Bursche sich mit Nikola auf die Suche nach Ilja begibt, macht der Leutnant überhaupt keinen Versuch, sein Versprechen einzulösen. Er geht ins Verpflegungsdepot und betrinkt sich. Die Erinnerung an sein Versprechen weist er barsch zurück. Nach der Rückkehr wird der Bruch zwischen den beiden endgültig besiegelt. Der Leutnant verzehrt ohne Gewissensbisse Iljas Tauben, die als Gegenleistung für Iljas Befreiung gedacht waren, während der Bursche keinen Appetit hat und sich demonstrativ weigert, von den Tauben zu essen.

Am nächsten Morgen wird der Leutnant auf dem Wege in die Stellung erschossen. Obwohl im Schlußsatz Partisanen für seinen Tod verantwortlich gemacht werden, läßt die Formulierung „hieß es" den Schluß zu, daß sein Tod als Rache und Strafe aufzufassen ist und nicht Partisanen dafür verantwortlich sind.

Die verwendete Sprache ist eine sachlich nüchterne, schnörkellose Umgangssprache. Dies äußert sich in der Wortwahl und in der Verwendung kurzer, einfach gebauter Sätze. Komplizierte Satzgefüge fehlen.

Merkmale und Einflüsse der Umgangssprache bestimmen die Stilebene des Textes. So zeigt z. B. im dritten Abschnitt die stilistische Unbeholfenheit von Wortwiederholungen aufeinander folgender Satzanfänge mit „Ich" ein umgangssprachliches Stilniveau an. Eine andere Textstelle verweist durch ihre syntaktische Struktur ebenfalls auf die Umgangssprache: „Das war ein vergittertes Tor, daneben eine Baracke, ein Posten, einer vom Wachbataillon, ein Dicker in schmuddeliger Uniform, in Schnürschuhen und Gamaschenhosen." Unverbundene, verkürzte Sätze überwiegen im Text. Die Struktur des Textes ist gekennzeichnet durch einen unvermittelten Beginn, eine Steigerung der Spannung bis zum Höhe- und Wendepunkt und einen überraschenden Schluß.

Der Text stellt ein Ereignis im Leben zweier Menschen dar, das zwar nicht so sehr durch äußere Dramatik geprägt ist, für die handelnden Personen aber zu einem entscheidenden Wendepunkt wird. Der Bursche löst sich aus der Kumpanei mit dem Leutnant, und zeigt – vielleicht das erstemal während des Krieges – mitfühlendes Verhalten und läßt sich von fremdem Schicksal anrühren. Für den Leutnant wird diese Episode schicksalhaft, er führt selber seinen Tod herbei. Eine Begebenheit wird zum Prüfstein für zwei Menschen, jeder muß zeigen, was in ihm steckt.

Zusammenfassend läßt sich sagen, daß der Text in Sprache, Struktur und Thematik die typischen Merkmale der Kurzgeschichte erfüllt.

Stundenverlauf:

Unterrichtsschritt 1:

Bevor mit der Inhaltssicherung begonnen wird, sollte der Schauplatz der Geschichte durch die topographische Lokalisierung der im Text vorkommenden Ortsnamen mit Hilfe einer Karte oder von Atlanten vorgenommen werden. Eine zeitliche Einordnung des Geschehens kann vom Kriegsschauplatz her und von den im Text gemachten Zeitangaben vorgenommen werden, wobei auf Lerninhalte des Geschichtsunterrichts ggf. zurückgegriffen werden kann (2. Weltkrieg, Rußland-Feldzug). Dann wird der Inhalt des Textes von einem Schüler mündlich wiedergegeben und anschließend eine Gliederung in Erzählschritte vorgenommen, die das Handlungsgerüst wiedergibt.

Unterrichtsschritt 2:

Nachdem kurz das in der Ausgangssituation dargestellte Verhältnis zwischen den beiden Hauptfiguren beschrieben ist, wird vor allem auf die Beweggründe des unterschiedlichen Verhaltens der beiden Hauptfiguren eingegangen. Die Schüler erkennen recht schnell die betrügerische Absicht des Leutnants und die Ehrlichkeit des Burschen, als es darum geht, die Tauben als Preis für die Befreiung Iljas aus dem Gefangenenlager zu bekommen. Ein weiterer Unterschied zwischen den beiden Hauptfiguren ist ihr Verhalten nach der Rückkehr.

Die Leitfragen: „Wie erklärst du dir den Schluß der Geschichte? Was bleibt offen, kann aber vermutet werden?" führen die Schüler zu der Erkenntnis, daß der Tod des Leutnants als Rache und Sühne für sein betrügerisches Verhalten aufgefaßt werden muß, während der Bursche überlebt. Wenn die Schüler Schwierigkeiten mit dieser Interpretation haben, sollte man sie zu einer Deutung des letztes Satzes der Kurzgeschichte anregen und insbesondere auf die Formulierung „von Partisanen hieß es" eingehen.

Unterrichtsschritt 3:

Nachdem der Ausgang der Geschichte aus der unterschiedlichen Motivlage der beiden Hauptfiguren erklärt ist, leitet der Lehrer über zu der Frage: Inwiefern weist dieser Text Merkmale der modernen Kurzgeschichte auf? Die Schüler sollten jetzt in der Lage sein, die in der Eingangsphase erarbeiteten Wesensmerkmale der Kurzgeschichte in einer Transferleistung auf den Text von Hans Bender selbständig unter Zuhilfenahme der erarbeiteten Analysetechniken zu erkennen. Methodisch wenden wir dazu einen themengleichen Gruppenunterricht an, wobei die Gruppen die obengenannte Leitfrage zu beantworten haben. Zu unterschiedlichen Meinungen kann es in den Gruppen bei der Diskussion um den offenen Schluß kommen. Sie entzünden sich an den Fragen: Inwiefern liegt bei diesem Text ein offener Schluß vor? Ist die Geschichte zu Ende er-

zählt? Inwiefern wird der Leser durch den Schluß zum Nachdenken angeregt? Welche Frage stellt sich der Leser in bezug auf den Schluß der Geschichte? Die Diskussion um den offenen Schluß sollte man auch in die Plenumsphase einbeziehen und darauf verweisen, daß als Motiv für den Tod des Leutnants ja eine Vermutung („von Partisanen hieß es") geäußert wird.

Unterrichtsschritt 4:

Die Stunde wird abgeschlossen, indem man auf den thematischen Leitaspekt der Lernsequenz (Krieg – Gewalt – Terror) eingeht. Dabei sollen die Schüler erkennen, daß und wie der Krieg die Charaktere und das Verhalten der Menschen prägt. Die Verrohung des Menschen, seine Rücksichtslosigkeit dem Unterlegenen, dem Besiegten gegenüber kann auch durch historische und aktuelle Bezüge aus der Vergangenheit und Gegenwart gezeigt werden. Ebenso sollte aber auch auf entsprechende Gegenbeispiele eingegangen werden, so daß die Wirkung des Krieges in seiner Bipolarität erkannt und herausgearbeitet wird. Als mögliche Gegensätze können dafür erarbeitet werden:

Der Krieg ist und bewirkt eine Pervertierung menschlicher Werte: gerade deswegen kämpfen viele Menschen gegen den Krieg bzw. zeigen viele Menschen im Krieg, daß ihr moralisches Empfinden durch persönliche Erlebnisse herausgefordert wird und sie human handeln.

Die Schüler sprechen im Verlaufe dieser Erarbeitungsphase oft auch von selbst das Problem des Pazifismus an, indem sie einfache Fragen stellen: Warum gibt es Kriege? Was kann der einzelne Mensch tun, um Kriege zu verhindern? Von daher gesehen ist es möglich und nützlich, eine Lernsequenz zum Thema Pazifismus entweder direkt im Deutschunterricht durchzuführen oder im Anschluß an die erste Lernsequenz der Hauptphase eine entsprechende Lernsequenz Pazifismus in einer fächerübergreifenden Kooperation ausführlich durchzuführen.

Varianten:

Zum Schluß könnte, falls es die Zeit noch erlaubt, auf die Erzählperspektive (den Standort des Erzählers) eingegangen werden. Die Schüler erkennen recht schnell, daß die Tatsache, daß das Geschehen aus der Sicht des Burschen, d. h. also eines Betroffenen erzählt wurde, die Geschichte glaubwürdiger wird, weil der Wahrheitsgehalt von einem Beteiligten, d. h. einem, der die Sache selbst erlebt hat, dokumentiert wird. Als methodische Variante besteht die Möglichkeit, anstelle der Gruppenarbeitsphase einen fragend erörternden Schüler-Lehrer-Unterricht durchzuführen.

2. Stunde:
Ilse Aichinger
„Die geöffnete Order"

Analyseschwerpunkte:

Schicksalhafte Verflechtung der Ereignisse, Verhaltensweise des Menschen in Grenzsituationen (Spannungskurve mit Erzählgipfeln).

Vorüberlegungen:

Auch dieser Text handelt vom Krieg. Im Unterschied zum vorangegangenen Text von Hans Bender haben wir jedoch hier eine andere Erzählperspektive. Dieses Mal erfahren wir das Geschehen nicht von einem direkt Betroffenen, die Geschichte erzählt sich gewissermaßen von selbst. Gezeigt wird am Beispiel eines Melders, wie ein Mensch in einer für ihn lebensbedrohlichen Situation rea-

giert. Thematisch gesehen handelt es sich hier ähnlich wie bei der Kurzgeschichte „Zwei Männer" von Günther Weisenborn um die Bewährung des Menschen in einer Grenzsituation.

Lernziele:

Auf der Grundlage der in der Einführungsphase erarbeiteten Wesensmerkmale der Kurzgeschichte und unter Beachtung der inhaltlich thematischen Leitaspekte Krieg – Gewalt und Terror werden folgende Lernziele angestrebt:
Der Schüler soll
– die Ausgangssituation und ihre Folgen für das Verhalten des Melders erkennen,
– das Öffnen der Order und die Folgen als schicksalhafte Wendung im Leben des Melders erkennen,
– die schicksalhafte Verflechtung der Ereignisse erkennen,
– den Gesinnungswandel des Melders erkennen,
– erklären können, warum das Kommando eine solche „merkwürdige Chiffre für den Beginn der Aktion" gewählt hat, (Entspannungsverlauf des Textes, graphisch aufzeichnen können) (den Text als Kurzgeschichte einordnen können)
– die Wendepunktstruktur des Textes aus den verschiedenen Höhe- und Wendepunkten ableiten können,
– die Erzählperspektive erkennen.

Textdarstellung:

Das Geschehen, das aus der Perspektive des Hauptbeteiligten erzählt wird, ist zeitlich nicht genau datiert, es ist jedoch anzunehmen, daß es sich während des Zweiten Weltkrieges abspielt.
Wie bei den anderen Kurzgeschichten setzt auch dieser Text ohne lange Vorrede und

Einführung ein, lediglich die Ausgangssituation wird kurz umrissen. Die Lage an der Front ist angespannt, die Gefahr einer Meuterei nicht auszuschließen. In dieser Situation erhält ein Melder, der eine Order überbracht hat, den Befehl, eine neue Order zu einer anderen Abteilung zu bringen.

Das Verhör, das man mit ihm anstellt, als er die Meldung abgibt, und die Tatsache, daß man ihm einen Begleiter mitgibt, erwecken sein Mißtrauen. In einem unbeobachteten Augenblick öffnet er die Order, sie lautet auf seine Erschießung. Nach diesem ersten Erzählabschnitt kommen die Ereignisse in Bewegung. Um sein Leben zu retten, beschließt der Melder, den Fahrer zu töten – sein Versuch mißlingt. Bevor er seinen Revolver abdrücken kann, wird er von einer feindlichen Kugel getroffen. Mit einer List gelingt es ihm schließlich, die Order loszuwerden, er übergibt sie seinem Begleiter mit der Bemerkung, sein Rock sei durchblutet.

Auf dem Kommando angekommen, versucht er in einem unbeobachteten Augenblick zu fliehen. Beim Aufstehen reißt jedoch der Notverband, die Wunde bricht auf, und es heißt: „Sie öffnete sich mit der Vehemenz eines verborgenen Wunsches."

Dieser Vergleich verweist auf den symbolischen Gehalt, der im Bild der aufbrechenden Wunde liegt. Aus der Tiefenpsychologie kennen wir, daß eine Schuld, ins Unbewußte abgedrängt, doch immer wieder nach außen sich Bahn bricht und der Schuldige unbewußt eine Bestrafung geradezu herbeiwünscht. Die Wunde, die aufbricht, steht für die Schuld, die in irgendeiner Form nach außen strebt. Der Tod scheint nur eine gerechte Strafe zu sein für die Schuld, die er auf sich geladen hat.

Die Fieberphantasien des Verwundeten leiten den Erzählhöhepunkt ein. Er sieht, wie sie seinen unschuldigen Begleiter zur Exekution schleppen. Vor dem Feuerbefehl erwacht er und sieht seinen Begleiter vor sich.

Den Unterschied zwischen Traum und Realität erkennt er erst, als er einen Offizier vom Stab bemerkt. Nun bekennt er, daß er selber die Order zu überbringen hatte. Diesem vorläufigen Erzählgipfel folgt eine überraschende Schlußwendung. Der Inhalt der Order war chiffriert und nicht wörtlich zu verstehen.

Eine Einordnung des Textes in die Gattung Kurzgeschichte ist problemlos. Thematik, Struktur und Sprache entsprechen den in der 7. Stunde aufgestellten Kriterien.

1. Die Begebenheit, von der die Geschichte erzählt, greift tief in das Leben der Hauptperson ein, bringt sie zu Handlungen, die sie vorher vielleicht nicht für möglich gehalten hätte, erweist sich aber schließlich als Bewährungsprobe, die sie besteht (rechtzeitiges Geständnis).

2. Die Struktur ist eindeutig: unvermittelter Beginn, Steigerung der Spannung bis zum Höhepunkt, der gleichzeitig überraschender Wendepunkt ist.

3. Die verwendete Sprache ist nüchtern, sachlich und weist außer einigen Bildern und Vergleichen keine nennenswerten rhetorischen Besonderheiten auf. Wortschatz und Syntax entsprechen mit einigen Ausnahmen („nichts in der Natur nahm die Grenzhaftigkeit zur Kenntnis", „die Kontur des Bewußten verfließt in der Finsternis") der der Umgangssprache.

Stundenverlauf:

Unterrichtsschritt 1:

Damit der Inhalt des Textes für die Stunde verfügbar ist, wird die Lektüre (evtl. auch eine Gliederung in Erzählschritte) als vorbereitende Hausaufgabe aufgegeben.
Im Rahmen der Inhaltssicherung und Gliederung wird zunächst eine grobe Gliederung in Vorgeschichte und Hauptgeschehen vor-

genommen und das Öffnen der Order als wichtige Gelenkstelle und erster Höhe- und Wendepunkt des Textes herausgestellt. Die Schüler werden dazu aufgefordert, weitere Erzählgipfel (und Wendepunkte) des Textes aufzuzeigen (Spannungshöhepunkte) und erkennen recht schnell, daß der Text vier solcher Erzählgipfel (Spannungshöhepunkte) besitzt, die dem Geschehen immer eine neue Wende geben. Daraus wird dann die Wendepunktstruktur des Textes abgeleitet, und die Schüler werden wiederum aufgefordert, dieses Strukturmuster in Partnerarbeit graphisch darzustellen, wie sie das bei dem Text „Die Probe" von Herbert Malecha bereits vorgenommen haben. Am Ende dieses Unterrichtsschrittes werden die Wendepunkte und Erzählgipfel in einer Strukturskizze gemeinsam an der Tafel erarbeitet, wobei man den Abstand der einzelnen Erzählgipfel als zusätzliche Komponente in die Graphik integrieren kann. Die Leitfrage an die Schüler lautet: Bezeichne die Textstellen, an denen das Geschehen jeweils eine Wendung erfährt!

Unterrichtsschritt 2:

Der Lehrer leitet über zur Auswertung des Inhalts. Folgende Analyseschwerpunkte werden herausgearbeitet:

1. Die Ausgangssituation als auslösende Ursache für das Öffnen der Order.
2. Die Folgen des Öffnens der Order, wobei auf die schicksalhafte Verflechtung der Ereignisse eingegangen wird.
3. Der Gesinnungswandel des Melders, der u. a. in den Fieberphantasien zum Ausdruck kommt.

Bei der Betrachtung des zweiten Analyseschwerpunktes muß eine Erklärung für die Verflechtung der Ereignisse gegeben werden. Die Diskussion der Frage „Ist die Verflechtung der Ereignisse Zufall, Schicksal oder gottgewollte Fügung?" leitet über zum dritten Betrachtungsaspekt, der mit folgenden Leitfragen aus dem Text erschlossen wird:

Wie ändert sich das Verhalten des Melders, nachdem er selbst vom Feind getroffen wird?
Warum findet bei dem Melder ein Gesinnungswandel statt?
Wodurch wird dieser ausgelöst?
Wo und wie äußert er sich?

Diese Leitfragen können auch für einen Gruppenunterricht genutzt werden.

Unterrichtsschritt 3:

Abschließend wird auf die Wirkung des Textes eingegangen. Der Lehrer fordert die Schüler auf, die Wirkung des Textes auf sie

Vorschlag für ein Schülerarbeitsblatt (Unterrichtsschritt 2)

Ilse Aichinger „Die geöffnete Order"

Verhalten vorher	Öffnen der Order	Verhalten nachher

selbst begründend zu beschreiben. Von daher ergibt sich die Möglichkeit, die Wirkung des Krieges auf den Charakter und die Verhaltensweisen des Menschen aufzuzeigen, wobei aktuelle Beispiele eingeführt werden können. Darüber hinaus kann zum Abschluß noch eine Einordnung des Textes als Kurzgeschichte vorgenommen werden.

Varianten:

Als weiterer Betrachtungsaspekt kann im Zusammenhang mit der Untersuchung der Fieberphantasien noch auf die tiefenpsychologische Motivgestaltung eingegangen werden. Dazu muß jedoch das Modell der menschlichen Psyche und ihrer Sphären erläutert sowie auf den Unterschied zwischen Bewußtem und Unbewußtem eingegangen werden. Auch bei diesem Text bietet sich die Möglichkeit, auf Krieg und Gewalt, ihre Ursachen und Motive einzugehen und die Möglichkeit zur Verhinderung von Krieg und Gewalt aufzuzeigen und zu diskutieren.

3. Stunde:
Siegfried Lenz
„Ein Freund der Regierung"

Analyseschwerpunkte:

Brutale Gewalt als Mittel zur Einschüchterung von Menschen, Steigerungsprinzip, sprachliche Andeutungstechnik

Vorüberlegungen:

Von seiner Thematik her läßt sich der Text in den größeren Problemkreis Gewalt und Terror einordnen. Dabei sind drei Aussageintentionen zu berücksichtigen:

1. die Darstellung verschiedener Mittel von Gewalt und Terror;
2. die Tatsache, daß die Wahrheit trotz Gewalt und Terror dennoch an den Tag kommt;
3. die Frage, wie man Gewalt und Terror verhindern bzw. bekämpfen kann.

Lernziele:

Der Schüler soll
– den Anlaß, den eigentlichen Grund der staatlich veranstalteten Informationsreise für die Journalisten erkennen,
– die brutale Gewalt als Mittel der Einschüchterung in totalitären Staaten erkennen,
– erkennen, daß Bela Bonzo, obwohl er es beteuert, kein Freund der Regierung ist,
– den Regierungsbeamten als Lügner entlarven,
– die Ironie des Titels erkennen,
– erkennen, daß die Wahrheit zwischen den Zeilen erkennbar ist (Indizien),
– sich fragen, wie man Gewalt und Terror verhindern und bekämpfen kann,
– das Prinzip der Steigerung erkennen,
– die Sprache als Mittel zur Verschleierung und Aufdeckung der Wahrheit erkennen.

Textdarstellung:

In dem Text wird eine staatlich organisierte und überwachte Informationsfahrt in ein Krisengebiet geschildert, deren Zweck es ist, Presseberichte, die einen blutig niedergeschlagenen Aufstand gemeldet hatten, zu widerlegen. Das aus der Ich-Perspektive eines mitreisenden Journalisten dargestellte Geschehen läßt sich in drei Sinnabschnitte oder Erzählschritte gliedern:
Hinfahrt,
Begegnung mit Bela Bonzo,
Rückfahrt.

Bereits auf der Hinfahrt kommen Zweifel an der Glaubwürdigkeit der Erklärungen des begleitenden „Beamten" (Bewachers) auf. Dieser Zweifel ergibt sich aus dem Gegensatz zwischen den meist nur beiläufig angedeuteten Beobachtungen des Journalisten (bewaffnetes Militär, ausgestorbenes Dorf) und den Erklärungen Gareks, der die Anwesenheit des Militärs und die ausgestorbenen Dörfer nur mit sehr fadenscheinigen Begründungen rechtfertigt.

Der zweite Sinnabschnitt wird durch die Ankunft im Dorf eingeleitet und schildert die Begegnung mit Bela Bonzo.

Hier können wir die Wahrheit aus den oft nur angedeuteten scheinbar belanglosen Feststellungen des Journalisten erschließen.

Bela Bonzo, ein von Garek mit brutaler Gewalt eingeschüchterter Dorfbewohner, wird zum Zeugen der Wahrheit, ohne die Wahrheit sagen zu können. – Auch hier erkennt der aufmerksame Leser aus dem Gegensatz zwischen den Erklärungen Gareks und den Beobachtungen des Journalisten, daß „etwas nicht stimmen kann".

Die mehrmals wiederholten Beteuerungen Bela Bonzos „Ich bin ein Freund der Regierung" können darüber nicht hinwegtäuschen. Die Tatsache, daß es einige Minuten dauert, bis Garek wieder aus dem Haus kommt, macht mißtrauisch. Zumal wenn er sagt, daß er Bela Bonzo gerade bei der Hausarbeit angetroffen habe. So wie jemand, der gerade bei der Hausarbeit war, sieht Bela Bonzo aber keineswegs aus, denn er ist sauber gekämmt, trägt ein frisches Baumwollhemd und feine Stiefel.

Die geschwollene Oberlippe und die verkrusteten Blutspuren am Hals lassen gleichfalls vermuten, daß hier brutale Gewalt angewendet worden ist. Aber nicht nur diese Widersprüche sind Indizien der Wahrheit bzw. der Unwahrheit. Auch das Verhalten der Kinder ist sonderbar: „sie beobachten Bonzo mit unerträglicher Aufmerksamkeit…"

Die latente Drohung, die über der Szene liegt, wird für den Leser auch deutlich, wenn es heißt: „Die Alte bot uns faustgroße fremde Früchte an, die Früchte hatten ein saftiges Fleisch, das rötlich schimmerte, so daß ich am Anfang das Gefühl hatte, in eine frische Wunde zu beißen."

Bela Bonzo verleugnet sogar seinen eigenen Sohn. Als in einem unbeobachteten Augenblick ein Journalist Bela Bonzo mitteilt, daß er zuverlässige Nachricht habe, daß sein Sohn in einem Gefängnis in der Hauptstadt gefoltert wurde, klingt die Antwort wie eine verzweifelte Beteuerung: „Ich habe keinen Sohn, und darum kann er nicht gefoltert worden sein. Wir sind Freunde der Regierung, hören Sie, ich bin ein Freund der Regierung."

Bei der Verabschiedung drückt Bela Bonzo dem Journalisten unauffällig eine Papierkugel in die Hand. Erst auf der Zimmertoilette seines Hotels wagt der Journalist die Papierkugel zu öffnen. Der darin enthaltene abgesplitterte Zahn wird zum letzten Indiz in der Beweiskette der Wahrheit, denn er weiß, „wem er gehört hatte".

Den Schülern macht es Spaß, die zahlreichen Widersprüche im Text, die auf die Wahrheit verweisen, aufzuspüren und daraus die wirklichen Verhältnisse zu rekonstruieren.

Bei der Betrachtung der Sprachgestalt muß darauf hingewiesen werden, daß in diesem Text sehr vieles nur angedeutet zwischen den Zeilen erfahrbar wird. An keiner Stelle wird eine Lüge als solche mit Worten entlarvt, das bleibt dem aufmerksamen Spürsinn des Lesers überlassen.

Die Schüler müssen deshalb anhand eines solchen Textes zum aufmerksamen Lesen erzogen werden. Sie müssen die Sprache als Mittel und Werkzeug zur Verschleierung und Entlarvung von Lüge und Wahrheit begreifen und die in diesem Text angewandte Entlarvungstechnik anhand von Textbeispielen nachweisen können. Gerade an diesem Text können sie erkennen, was und wie etwas, ohne es wörtlich zu sagen, „zwischen den Zeilen" mitteilbar ist.

Die Struktur des Textes ist geprägt von einem expositionslosen Beginn, einer Steigerung der Spannung bis zum Höhepunkt, der zugleich Wendepunkt und offener Schluß ist. Die hier angewandte Entlarvungstechnik ist eine Technik der Andeutung und Entschlüsselung, die, wenn sie ihrer Intention gerecht werden will, so etwas wie eine funktionale Arbeitsteilung zwischen Autor und Leser voraussetzt. Dieses „arbeitsteilige Verhältnis" zwischen Autor und Leser besteht darin, daß der Autor als nüchterner Berichterstatter die Fakten zu einer Beweisaufnahme liefert. Die Aufgabe des aufmerksamen Lesers besteht darin, diese Fakten als Indizien bei der Wahrheitssuche zu verwerten. So gelangt die Wahrheit trotz Verschleierung und Anwendung von Gewalt doch ans Licht.

Stundenverlauf:

Unterrichtsschritt 1:

Wegen seiner Länge sollte man den Text bei einer einstündiger Behandlung als vorbereitende Hausaufgabe lesen lassen. Integriert man den Text in die Stunde, muß man eine Doppelstunde veranschlagen. Zunächst werden Ausgangssituationen, Erzählperspektive (Von wem wird die Geschichte erzählt?) herausgestellt. Dann wird eine Gliederung des Textes vorgenommen in
1. Hinfahrt
2. die Begegnung mit Bela Bonzo
3. Rückfahrt

Unterrichtsschritt 2:

Bezugnehmend auf die Ausgangssituation werden nun anhand des Textes die gegensätzlichen Absichten Gareks und des Journalisten dargelegt und die Unterschiede zwischen den Beobachtungen des Journalisten und den Erklärungen des Regierungsbeamten Garek einander gegenübergestellt. Die Schüler äußern recht schnell ihre Zweifel an der Glaubwürdigkeit Gareks, die besonders bei der Begegnung mit Bela Bonzo zum Ausdruck kommt. Anhand der Arbeitsanweisung: Betrachtet die Beobachtungen des Journalisten und vergleicht sie mit den Erklärungen Gareks! Zu welchem Ergebnis kommt ihr? erkennen die Schüler die Wahrheit, ohne daß sie von dem Journalisten direkt ausgesprochen wird. Zur Verdeutlichung dieses Aspekts kann man die Unterschiede zwischen den Beobachtungen und den Erklärungen in einer Tabelle zusammenfassen und einander gegenüberstellen lassen.

Unterrichtsschritt 3:

Im letzten Unterrichtsschritt leitet der Lehrer über zum Titel der Geschichte und stellt die Frage: Ist Bela Bonzo ein Freund der Regierung? Die Schüler erkennen die Ironie des Titels, der vom Sinn her das Gegenteil dessen bedeutet, was er begrifflich aussagt (Diskrepanz zwischen denotativer und konnotativer Bedeutung). Die Aufmerksamkeit der Schüler wird nun auf die Indizien zur Wahrheitsfindung gelenkt. Sie werden dazu aufgefordert, eine Indizienkette zusammenzustellen, die von den mit Maschinenpistolen bewaffneten Soldaten bis zur überreichten Papierkugel mit dem eingewickelten Zahn reicht (Steigerungsprinzip). Zum Abschluß wird noch auf die Andeutungstechnik des Textes eingegangen, wobei die Sprache als Mittel zur Verschleierung und Entlarvung von Lüge bzw. Wahrheit erkannt wird.

Varianten:

Vorschläge für einen arbeitsteiligen Gruppenunterricht:

Gruppe 1 und 2:
Beschreibt kurz die Ausgangssituation des Textes! Aus welcher Perspektive wird das

Geschehen berichtet? Versuche eine Textgliederung unter dem Gesichtspunkt des
Schauplatzes der Handlung, wobei weiter
nach Erzählschritten differenziert werden
kann!

Gruppe 3 und 4:
Welche Absichten verfolgen der Journalist
und Garek? Welche Rolle spielt dabei Bela
Bonzo?

Gruppe 5 und 6:
Ist Bela Bonzo ein Freund der Regierung?
Begründet eure Aussage! Wie ist der Titel
der Geschichte zu verstehen?

Zur Erweiterung des Themenbereiches Gewalt und Terror kann noch ein weiterer Text
berücksichtigt werden:
Günther Weisenborn, Ein gleichgültiger
Mittwoch (siehe Leseheft).

Lernsequenz 3:
Formale Aspekte
der Kurzgeschichte

Analyseschwerpunkte:

Erzähl- und Kompositionstechnik, Erzählperspektive, Zeitdarstellung, sprachliche
Besonderheiten

Die Lernsequenz 3 behandelt auf der Grundlage von drei Texten vor allem formale
Aspekte der Kurzgeschichte. Im Rahmen der
Erzähltechnik wird auf die Schachtelung von
Geschehensebenen ebenso eingegangen wie
auf die Grundformen des Erzählens und das
Modell der sprachlichen Kommunikation.
Ebenso wird auf die Erzählperspektive eingegangen. Im Zusammenhang mit den
sprachlichen Besonderheiten werden die
Merkmale und Möglichkeiten der Ironie und
des andeutenden Sprechens beschrieben und
erläutert.

1./2. Stunde:
Marie-Luise Kaschnitz
„Popp und Mingel"

Analyseschwerpunkte:

Verflechtung verschiedener zeitlicher Ebenen, Erzählperspektive, Sprachgestalt (Kin-
dersprache), Schlüsselkindproblematik.

Vorüberlegungen:

Aufgrund der in diesem Text dargestellten
Schlüsselkindproblematik sehen sich die
Schüler hier durchaus mit einem Problem
konfrontiert, das in ihrem unmittelbaren Er-
fahrungshorizont liegt. Die Erlebbarkeit und
Nachvollziehbarkeit der dargestellten Ereig-

nisse ermöglichen eine Identifikation mit dem Ich-Erzähler und erregen so das Interesse der Schüler. Neben der zentralen Betroffenheit durch die Situation des Schlüsselkindes wird vor allem auf die Verflechtung verschiedener Zeitebenen und die sprachliche Gestaltungstechnik eingegangen.

Lernziele:

Der Schüler soll
- erkennen, daß der Junge in zwei verschiedenen Welten lebt (Wirklichkeit und Phantasie),
- erkennen, daß die Wunschfamilie mit Popp und Mingel ein Ersatz für die Wirklichkeit ist,
- den Gegensatz zwischen den beiden Welten und den Familien erkennen und durch Textbeispiele belegen können,
- den Verlust der Ersatzfamilie als auslösendes Moment des Brandes erkennen,
- erkennen, daß es sich um eine Affekthandlung handelt,
- erkennen, daß dieses Ereignis ein Wendepunkt im Leben des Jungen bedeutet,
- die im Text implizierte Kritik am Elternhaus erkennen,
- die Struktur des Textes, die Erzählperspektive und den Zeitenwechsel und seine Funktion erkennen,
- erkennen, daß es sich bei diesem Text um eine Kurzgeschichte handelt,
- die Kindgemäßheit der Sprache aus der Syntax ableiten können,
- auf der Grundlage des Textes über die besonderen Probleme von Schlüsselkindern diskutieren können.

Textdarstellung:

Im Mittelpunkt der Geschichte steht ein sich selbst überlassenes Schlüsselkind, das – von der Wirklichkeit enttäuscht – sich in seiner Phantasie eine Wunschfamilie schafft. Der Verlust dieser Wunschfamilie (die richtige Mutter wirft die Puppen, die in der Vorstellung des Jungen den Platz der richtigen Eltern eingenommen haben, in den Müll) bewirkt einen Schock bei dem Jungen, der sich in einer Affekthandlung (halb bewußte, halb unbewußte Brandstiftung) entlädt. Das Geschehen wird rückschauend von dem Jungen selbst erzählt, der noch mittelbar unter den Nachwirkungen der Ereignisse steht.

Ausgangspunkt der Besprechung im Unterricht ist die Gegenüberstellung von Phantasie und Wirklichkeit, von Traumleben und häuslicher Realität. Anhand einer solchen Gegenüberstellung lassen sich die Unterschiede zwischen wirklicher Familie und Wunsch- oder Ersatzfamilie plastisch herausarbeiten. Während der Junge in seiner wirklichen Familie als Einzelkind oft allein zu Haus und sich selbst überlassen ist, weil beide Eltern arbeiten und kaum Zeit für ihn haben, ist er in seiner Wunschfamilie nicht allein; er hat zwei Geschwister, und die Eltern Popp und Mingel kümmern und sorgen sich liebevoll um ihre Kinder. Das sich selbst überlassene Schlüsselkind sucht aus Enttäuschung die fehlende Geborgenheit in seiner Ersatzfamilie, die all das besitzt, was er bei seinen Eltern vergeblich sucht.

Eine vollständige vergleichende Gegenüberstellung ergibt noch eine ganze Reihe solcher Gegensätze. Während er z.B. von seiner Mutter sagt, daß sie ins Büro gehe, „weil sie da unter Menschen wäre und weil sie es so langweilig fände, den ganzen Tag zu Hause zu sein", heißt es von Popp und Mingel, daß sie „den ganzen Tag zu Hause sitzen und auf ihre Kinder warten". Popp und Mingel spielen auch mit ihren Kindern, während z.B. seine Mutter „keine Gesellschaftsspiele mag" und das Vorlesen sie anstrengt, „weil sie den ganzen Tag Gedrucktes und Geschriebenes vor Augen hat".

Der Verlust der Ersatzfamilie hat weitreichende Auswirkungen.

Ein Ersatz läßt sich nicht mehr schaffen, der Verlust dieser Illusion bedeutet gleichzeitig das unwiderrufliche Ende eines Lebensabschnittes. Die Kindheit ist zu Ende, der erste Schritt ins Erwachsenenleben muß getan werden. Das zeigt sich in der veränderten Einstellung zur Wirklichkeit, vor der nicht mehr geflohen wird mit Hilfe der Phantasie, sondern die resignierend akzeptiert wird. Der Entschluß des Jungen, sich eventuell den „Jungen von der Bande", einer recht fragwürdigen Halbwüchsigengruppe anzuschließen, steht für den Beginn eines neuen Lebensabschnittes.

Die scheinbar versöhnliche Aussage des Jungen „und überhaupt habe ich nichts gegen meine Eltern, die sind, wie sie sind, und ich mag sie gern" bedeutet letztlich nur, daß der Junge lernt, sich mit den Gegebenheiten abzufinden, da sie nun nicht zu ändern sind. Der Text ist trotz allem eine massive Kritik an den Eltern und ihrer Einstellung zum Kind.

Bei der Suche nach strukturellen Merkmalen der Kurzgeschichte stoßen wir auf einige Schwierigkeiten. Die rückschauende Erzählperspektive und die Verflechtung verschiedener Zeitebenen ergeben keinen linearen Erzählstrang. Unverkennbar ist jedoch der unmittelbare expositionslose Beginn. Die Steigerung zum Höhe- und Wendepunkt ist durch die (oben erwähnte) Verflechtung der Zeitebenen mehrmals unterbrochen. Des weiteren stellt sich die Frage, ob oder inwieweit hier ein offener Schluß vorliegt. Einmal deutet der letzte Satz auf das Ende der Kindheit hin und ist von daher gesehen ein Abschluß. Offen ist der Schluß aber im Hinblick auf die Richtung, die die neue Entwicklungsphase des Jungen nehmen wird. Dadurch bleibt eine Reihe von Fragen unbeantwortet, d. h. offen. Einige dieser Fragen, die von Schülern schnell erkannt werden, sind z. B.: Wie wird der Junge mit der veränderten Situation fertig, wie meistert er sie, welche Konsequenzen ziehen die Eltern aus diesem Ereignis?

Die Sprachgestalt des Textes ist im wesentlichen bestimmt durch die Erzählperspektive und die Aussageintention des Verfassers. Die Ausdrucksweise ist die einer realitätsnahen Umgangssprache. Die assoziative Koppelung von gegenwärtigem und vergangenem Geschehen, von Erinnerung und Vorausdeutung manifestiert sich in der Anwendung verschiedener Modi und Zeiten. Eine entsprechende Analyse findet sich in Hinweise 4, dem Lehrerheft zum Lesebuch „Wort und Sinn" 4, die hier gekürzt wiedergegeben wird.

Im Präsens steht,
1. was immer ist (was war, was ist, was sein wird):
   sie hängt mir den Schlüssel um den Hals
   das strengt sie an
   wenn mein Vater den SA-Mann sieht, sagt er…
2. was in diesem Augenblick ist, da der Junge berichtet:
   sie fragen mich alle
   sie begreifen nicht
3. was besonders eindringlich und lebendig ist:
   Das gesamte Spiel mit Popp und Mingel steht im Präsens.

Im Imperfekt steht das Zuständliche zum Zeitpunkt vor dem Unglück:
ich war an dem Tag müde
das Treppenhaus war dunkel
es war still
keiner ging

Im Perfekt steht, was sich als Besonderes am Nachmittag vor dem Unglück eingeprägt hat:
daß ich ein paarmal gegähnt habe
die Nixe hat ein bißchen geleuchtet
der Hund hat geknurrt

Konjunktiv und Konditional sind Aussageweisen einer Situation, die für den Jungen noch nicht realisiert, aber unmittelbar bevorstehende Zukunft ist.

Gleich der erste Satz weist in seiner syntaktischen Struktur auf Gebrauchsformen der Umgangssprache hin: „Noch immer fragen mich alle, wie das gekommen sei, neulich, am Tag vor Allerseelen, und warum ich das getan habe." Besonders auffällig ist die Häufigkeit der Satzverknüpfung mit „und", die als dominierendes stilistisches Merkmal den gesamten Text kennzeichnet. (Hier ergibt sich die Möglichkeit einer vergleichenden statistischen Analyse.) Die Zahl der syntaktischen Varianten (Satzmuster) ist dadurch gering. Der überdurchschnittlich hohe Anteil von Prädikats- und Satzreihen (die zum überwiegenden Teil durch die Konjunktion ‚und' miteinander verbunden sind) hat im wesentlichen zwei Gründe:

1. Sie ist Zeichen des noch nachwirkenden Schocks, der sich in der Erzählweise niederschlägt.
2. Sie ist u. a. Zeichen einer stilistischen Anpassung an eine kindgemäße Sprache, in der die syntaktischen Varianten noch gering sind.

Die bei Kindern eines bestimmten Alters häufige Satzverknüpfung mit der Konjunktion ‚und' verweist vor allem darauf, daß Geschehen (bzw. Handlung) nicht so sehr als kausales Wirkungsgefüge, sondern vorwiegend als chronologische Ereignisfolge verstanden und mitgeteilt wird. Aus diesem Grund ist auch die Zahl der konjunktionalen Gliedsätze relativ gering.

Ein weiterer Betrachtungsaspekt liegt in der Behandlung der Erzählperspektive; dabei kann auf die Besonderheiten des Ich-Erzählers eingegangen werden.

Wenn man ausführlich auf Struktur und Sprachgehalt des Textes eingehen will, sind für die Gesamtbetrachtung zwei Stunden erforderlich.

Stundenverlauf:

Unterrichtsschritt 1:

Wegen der Länge des Textes ist es sinnvoll, die Lektüre als vorbereitende Hausaufgabe aufzugeben. Eine Textgliederung kann zusätzlich zur Inhaltssicherung verlangt werden. Da zusätzliche Sacherklärungen nicht erforderlich sind, beginnt die Stunde mit einer mündlichen Textwiedergabe durch einen Schüler. Dann werden die Schüler zur freien Meinungsäußerung über den Text angehalten, wobei die Begriffe „Wirklichkeit" und „Phantasie" als Stichworte zur Überleitung zum nächsten Unterrichtsschritt dienen.

Unterrichtsschritt 2:

Die Schüler werden aufgefordert, in Partner- oder Stillarbeit eine Gegenüberstellung von Wirklichkeit und Phantasie, von wirklicher Familie und Wunsch bzw. Ersatzfamilie unter Verwendung von konkreten Textbeispielen vorzunehmen. Als Arbeitsanweisung formuliert: Der Junge besitzt zwei Familien. Zeige ihre wesentlichen Unterschiede auf, und versuche, die Familien zu benennen! Dieses kann in Form einer Tabelle geschehen, die dann in einer Plenumsphase gemeinsam an die Tafel gebracht wird. Dann werden die Ursachen für das Entstehen dieser Wunsch- bzw. Ersatzfamilie aus dem Text erarbeitet. Die Schüler erkennen, daß es sich hierbei um ein sogenanntes Schlüsselkind handelt, das Geborgenheit und Nestwärme bei seinen berufstätigen Eltern nicht findet und diese nur in der in seiner Phantasie existierenden Ersatzfamilie, die seinen Wünschen entspricht, erfährt.

Unterrichtsschritt 3:

Unterrichtsschritt 3 leitet zum Wendepunkt des Textes über, wobei Ursachen und Folgen dieses Wendepunktes herausgestellt werden sollen. Mit Hilfe der Leitfrage ‚An welcher Stelle des Textes findet eine entscheidende Wendung der Ereignisse statt?' müssen die Schüler den Wendepunkt des Textes konkret aufzeigen. Der Verlust seiner Ersatzfamilie löst bei dem Jungen eine verzweifelte Suche und eine panische Angst aus. Der erlittene seelische Schock steigert sich bis zur Affekthandlung der Brandkatastrophe, die von den Schülern als Verzweiflungstat gewertet wird. Anschließend daran soll die Frage nach der Schuld diskutiert und unter Berücksichtigung der im Text enthaltenen Kritik am Elternhaus erläutert werden. Eine Diskussion über das weitere Verhalten der Eltern schließt diesen Unterrichtsschritt ab.

Unterrichtsschritt 4:

Die Stunde wird fortgesetzt, indem zwei weitere Aspekte behandelt werden:
1. die Verflechtung der Zeitebenen im Zusammenhang mit den verwendeten Modi und Zeiten,
2. die Betrachtung der Sprachgestalt.

Herauszuarbeiten sind insbesondere die assoziative Koppelung von gegenwärtigem und vergangenem Geschehen sowie die Untersuchung der Syntax auf kindgemäße und umgangssprachliche Merkmale, wobei insbesondere auf syntaktische Gebrauchsmerkmale und Verknüpfungsmöglichkeiten eingegangen werden muß (vgl. Ausführungen der Textdarstellung).

Varianten:

Vorschläge für einen arbeitsteiligen Gruppenunterricht:

Gruppe 1 und 2:
Aus welcher Perspektive wird das Geschehen berichtet? Versucht eine Gliederung des Textes! Welche Bedeutung haben Popp und Mingel für den Jungen?

Gruppe 3 und 4:
Beschreibe den Unterschied zwischen der wirklichen Familie und der Wunschfamilie des Jungen!

Gruppe 5 und 6:
Erläutert, warum es zu dem Brand kommt! Wie beurteilt ihr das Verhalten der Eltern dem Jungen gegenüber?

Plenum:
Diskussion der Frage, wer ist schuld an der Brandkatastrophe? Überlegt, wie man die Situation des Jungen ändern kann und welche Maßnahmen dafür erforderlich sind!

3. Stunde:
Herbert Eisenreich
„Der Weg hinaus"

Analyseschwerpunkte:

Schicksal eines alternden Fußballstars, Verflechtung von Geschehensebenen, Zeitraffung und Zeitdehnung, Sportjargon.

Vorüberlegungen:

Der Text entstammt dem Themabereich der Welt des Sports und übt damit eine gute Motivation auf die Schüler aus. Ausgehend von der inhaltlichen Aussage werden die Erzähltechnik und die Besonderheiten der Sprachgestalt behandelt. Dabei kann auf Ergebnisse aus den vorangegangenen Unterrichtsstunden und aus der Einführungsphase zurückgegriffen werden.

Lernziele:

Der Schüler soll
– die Doppeldeutigkeit des Textes erkennen,

– das Vorhandensein und die Beschränkung der beiden Geschehensebenen erkennen und am Text nachweisen können,
– die Technik der Zeitraffung und Zeitdehnung unter Verwendung der Begriffe Erzählzeit – erzählte Zeit erkennen und am Text belegen können,
– die Ursachen und Gründe für den Weg hinaus erkennen und verwenden können,
– die Thematik des Textes und seine Aussageabsicht erkennen,
– den Text als Kurzgeschichte erkennen,
– sprachliche Besonderheiten (z. B. Sportjargon, rhetorische Stilmittel) erkennen und ihre Funktion aus dem Kontext erläutern können.

Textdarstellung:

Auch in diesem Text wird das Geschehen aus der Perspektive des Betroffenen erzählt, allerdings nicht in der Ich-Form. Dargestellt wird das mißlungene Comeback eines alternden Fußballstars, dessen unrühmlicher Abgang durch ihn selbst und seine Umwelt bedingt ist. Diese aktuelle Thematik findet zweifellos das Interesse der Schüler.
Da die Geschichte von der Erzählstruktur her relativ komplex ist, sollte am Anfang der Stunde geklärt werden – am besten mit Hilfe einer kurzen Inhaltsangabe –, ob die Schüler den Gang der Ereignisse richtig verstanden haben und entsprechend wiedergeben können.
Als nächster Schritt der Betrachtung sollte das Vorhandensein zweier Zeit- und Geschehensebenen herausgearbeitet werden. Als Aufhänger kann hier der Hinweis auf den Titel dienen. Der Weg hinaus bedeutet
1. den Weg vom Spielfeld in die Kabine und
2. das Ende der Karriere als gefeierter und bewunderter Star.

Spiel und Leben werden durch die Verschränkung zweier Erzählebenen miteinander gekoppelt. Unmittelbares Geschehen der Gegenwart und Rückblick auf vergangene Ereignisse stehen, bedingt durch die Technik der Zeitraffung und Zeitdehnung, in einem Spannungsverhältnis zueinander, da der Gegensatz zwischen dem Zeitraum, von dem erzählt wird (erzählte Zeit) und der Zeit, den diese Erinnerungen einnehmen (Erzählzeit), auf die Spitze getrieben ist.
Die Erzählzeit umfaßt den Zeitraum, den der des Feldes verwiesene Spieler für den Weg vom Spielfeld zum Kabineneingang benötigt. Während dieser Zeit läßt der Spieler das Spiel und gleichzeitig sein Leben noch einmal Revue passieren.
Das Spiel war für ihn von besonderer Bedeutung: „und er allein wußte, daß es diesmal um mehr als nur um den Sieg seiner Mannschaft ging, daß er in Wahrheit um sein Leben spielte."
Der Weg aus dem Spiel hinaus wird für ihn zu einem Spießrutenlaufen zwischen „Pfui-Salven" und „Haßexplosionen", und er macht die bittere Erfahrung, „daß es dieselben Münder waren, die früher all die stolzen Jahre lang, allsonntäglich ihren Beifall über ihn ergossen hatten". Die Tragik besteht für ihn darin, daß er in dem entscheidenden Spiel um den Titel seinen Gegenspieler, der all das hat, „was auch er einst gehabt hatte, all das, was die Leute früher an ihm bewundert hatten", nicht „halten kann". Die Tatsache, daß der andere besser ist als er, „hätte er noch ertragen", denn „er war kein schlechter Verlierer". Was er aber nicht verkraften kann, ist das Verhalten der Zuschauer. Er fühlt sich fertiggemacht von den „Hyänen rundum", die ihn auspfeifen und dem anderen zujubeln, seine Selbstkontrolle wird gelähmt.
Das Foul, das den Feldverweis nach sich zieht, zeigt sich denn auch nicht als eine kontrollierte Handlung, sondern als eine Affektreaktion auf eine für ihn unerträgliche Situation („die hatten ihn fertiggemacht mit ihren Pfiffen, ihrem Gelächter und Gejohle, wenn der andere ihn stehen ließ und mit dem Ball

davonzog", „da fuhr's ihm in das Bein, und das Bein trat hin…").

In diese Ebene des unmittelbaren Geschehens ist ein Rückblick auf sein Leben als Fußballstar eingebettet. Auslösendes Moment ist der Vergleich mit seinem 10 Jahre jüngeren Gegenspieler. Alter, unsolider Lebenswandel und eine verständnislose Frau – all das spielt für seinen Abstieg eine Rolle. Im Gegensatz zu Rudi, der „frühzeitig Schluß gemacht" hatte und inzwischen ein „feiner Herr mit einer Mordsgage" geworden war, hatte er es nur zu einem immer schlechter gehenden Kaffeehaus gebracht. Nun hängt alles vom Gelingen seines Comebacks im ersten und entscheidenden Spiel vor dem eigenen Publikum ab, von dem es heißt, daß es das schlimmste sei, „wenn ein Comeback mißglückte". Für ihn ist dieses Spiel ein Schicksalsspiel, von dem seine weitere Karriere als Fußballstar entscheidend abhängt. Das dargestellte Ereignis ist also ein Wendepunkt in seinem Leben. Die schicksalhafte Bedeutung wird noch einmal deutlich im letzten Satz, wenn es heißt „den Weg zurück aufs Spielfeld ihm für immer verbauend". Es gibt also kein Zurück mehr.

Was die Struktur des Textes angeht, so erkennen wir in ihr die Merkmale der Kurzgeschichte, unvermittelter Beginn – Steigerung bis zum Höhe- und Wendepunkt – offener Schluß.

Die Schachtelung in der Zeitstruktur des Erzählvorgangs läßt sich auch graphisch verdeutlichen (siehe Strukturskizze auf dem Stundenblatt), indem man den Wechsel der Geschehensebenen durch zwei Linien verdeutlicht, die unmittelbares Geschehen der Gegenwart und Erinnerung an die Vergangenheit darstellen, wobei man die Erinnerung noch einmal unterteilen kann:

1. Erinnerung an die vergangene Karriere als gefeierter Star
   Erinnerung an das unmittelbar vorausgegangene Spielgeschehen

2. Unmittelbares Geschehen der Gegenwart (Spielfeld)

Diese Graphik kann von den Schülern im Gruppenunterricht auch selbständig erarbeitet werden. Es genügt aber auch, wenn man diesen Zusammenhang an den ersten drei Textabschnitten nur exemplarisch erarbeitet und die Fertigstellung als Hausaufgabe gibt.

Die Verknüpfung der beiden Erzähllebenen, die durch Begriffspaare Spiel und Leben, Geschehen und Reflexion, Vergangenheit und Gegenwart gekennzeichnet sind, geschieht durch eine assoziative Koppelung zwischen Innenwelt und Außenwelt, zwischen äußerem Ereignis und Reflexion. Diese Koppelung verläuft aber nicht nur in einer Richtung. Einmal wird das unmittelbare Geschehen zum auslösenden Moment eines Rückblicks auf Vergangenes, das andere Mal wirken diese Erinnerungen als assoziative Rückkoppelung zum unmittelbaren Geschehen. Die Nahtstellen finden sich dort, wo sich ein Berührungspunkt zwischen Vergangenheit und Gegenwart ergibt (Beispiel: Verhalten der Zuschauer).

Bei der Betrachtung der Sprachgestalt sind Umgangssprache und z. T. auch Reportagestil in Wortwahl und Syntax unverkennbar. Die Bildhaftigkeit findet ihren Ausdruck in der Verwendung von Metaphern und Vergleichen.

Vergleiche:
– als wate er in Schlamm
– wie mit Blei gefüllt
– wie gegen einen Orkan kämpfend
– wie ein leckes Schiff
– wie eiserne Pfeilspitzen
– wie ein blindgeschlagener Boxer
– wie ausgewechselt
– wie ein Tropfen Wasser
– wie ein Mädchen

50

Metaphern:
- Pfui-Salven
- Haß-Explosionen
- Wellenlinien greller Pfiffe
- Sturzflut der Empörung
- Brei von Lärm
- die Mauer greifbaren Lärm etc.

Um der Geschichte atmosphärische Dichte zu verleihen, ist die Sprache stark mit Fachtermini aus dem Sportjargon angereichert, z. B. Comeback – Zweikampf – Kopfstoß – Läufer – fair – hechtender Tormann – Formkrise – Dribbeling – Reserve – Sturm – Innentrio – Flügelstürmer – Angriff – Verteidigung – Mordsgage usw.

Der Text ist sprachlich sorgfältig durchgestaltet: auffälliges Merkmal ist vor allem die häufige Verwendung folgender rhetorischer Figuren:

1. der Anapher (mehrere aufeinander folgende Sätze oder Teilsätze beginnen mit dem gleichen Wort bzw. mit den gleichen Worten);
2. der Inversion, die zur Hervorhebung bestimmter Sachverhalte gedacht ist (z. B. „Die aber, die neben und über dem Kabineneingang standen…“);
3. des Parallelismus (bei dem kunstvollen Periodenbau wird meist das Prinzip der parallelen Reihung von Satzgliedern und Satzteilen angewandt, z. B. „wenn er, den Ball am Fuße…“).

Alle drei rhetorischen Figuren dienen der Intensivierung und Vertiefung des Inhalts. Sie sollen der Aussage Nachdruck verleihen und sie besonders hervorheben.

Zur Analyse der sprachlich-rhetorischen Besonderheiten bieten sich der 2., 3. und 9. Textabschnitt an.

„Hinter ihm war das unterbrochene Spiel angepfiffen worden, das lenkte die meisten Augen von seinem Hinausgehen ab. Die aber, die neben und über dem Kabineneingang standen, sahen ihn näherkommen, *und je näher er kam,* desto mehr Blicke sammelten sich auf ihm; wie eiserne Pfeilspitzen von einem Magneten angezogen, lenkten diese Blicke sich auf ihn, gebündelt stachen sie auf ihn, einen unfreiwilligen Winkelried, ein. *Und je näher er kam,* desto artikulierter tobte es vor ihm los. Pfui-Salven, das Knattern zahlloser winziger Haßexplosionen, herangetragen auf den Wellenlinien greller Pfiffe. Gesichter sah er keine, aber er wußte, daß es dieselben Münder waren, die früher all die stolzen Jahre lang, allsonntäglich ihren Beifall über ihn ergossen hatten, *wenn er* so spielte, wie sie es gerne sahen, *wenn er,* den Ball am Fuße wie unsichtbar angebunden, durch die Reihen der Gegner lief, dann liefen tausend Jubelrufe mit, *wenn er* den Ball auf den Zentimeter genau übers halbe Spielfeld paßte, dann raunte es ringsum voll Ehrfurcht; *und wenn er* schoß, stockte dem ganzen Stadion der Atem, und dann erst riß es ihnen den Schrei aus der Kehle. *O ja,* er war ein Spieler gewesen wie nicht bald einer: kein Schwerathlet, der mit seinem Körpergewicht alles niederwalzt, was sich ihm in den Weg stellt, sondern der Artist, der seine Körperkraft nicht spüren, sondern nur wirken läßt. Meistens wurde er als Läufer aufgestellt, aber wenn Not am Manne war, führte er den Angriff oder verteidigte vor dem Tor. Dort, wo er eingesetzt war, gehörte das Spielfeld, so weit er es erlaufen konnte, ihm. Und wenn sein Nebenmann versagte, dann rackerte er für zwei.

Und was hatte man ihm, war wieder ein Spiel gewonnen, nicht alles nachgerühmt! Daß er der beständigste Spieler sei, zuverlässig auf jedem Posten, ohne Formkrisen, ohne Launen; kein Star, sondern immer Teil der Mannschaft, ihr Motor und ihre Seele zugleich; und der fairste Fußballspieler seit langem, die Zeitungen brachten Photos, *wie er* über den hechtenden Tormann, um ihn nicht zu verletzen, hinwegspringt; *wie er* zum Kopfstoß mit regelrecht angelegten Armen hochschnellt; *wie er* dem Gegenspieler, der im Zweikampf zu Fall gekommen, kameradschaftlich auf die Beine hilft. Und jetzt stapfte er schwankenden Schrittes hinein in die Mauer vor ihm aus Gejohle, Pfiffen und Flüchen. *Und alles, was* ihn früher über das Spielfeld getragen, *was* seine Läufe beflügelt, *was* seinen Einsatz befeuert hatte: der Beifall, der Jubel, diese Woge von aufbrausendem Schrei: *das alles kam* ihm jetzt, im nachhinein, unwirklich vor; ja, ihm schien, *als habe* er sich all die Jahre lang verhört und *als vernehme er erst jetzt,* was die da oben all die Jahre lang wirklich geschrien hatten, und *als verstünde er erst jetzt,* was dieses Schreien schon damals in Wahrheit bedeutet hatte. So torkelte er, wie ein blindgeschlagener Boxer auf den Schatten seines Gegners, darauf zu, im vernebelten Blick tat sich schwarz, mit jedem seiner Schritte sich in die Tiefe verfinsternd, der überdeckte Gang zu den Kabinen auf: ein brüllendes Maul inmitten einer zuckenden Grimasse. Und dieser Rachen tat sich auf, ihn zu verschlingen auf Nimmerwiedersehen.

Er hatte ja gar nicht schlecht gespielt; gewiß noch nicht wieder so gut wie früher, aber wahrhaftig nicht schlechter als so viele andere; sein Gegenspieler war einfach schneller gewesen als er, hatte ihn glatt überrannt, hatte mehr Luft im Balg gehabt als er, die kräftigeren Muskeln und den flinkeren Blick für die Situation, den besseren Riecher *–all das,* was auch er einst gehabt hatte, *all das,* was die Leute früher an ihm bewundert hatten. *Das war's, und weiter nichts! Und das alles hätte er noch ertragen;* er war kein schlechter Verlierer, weiß Gott, das war er nicht! Aber die Hyänen rundum, die würstelfressenden Zuschauer auf ihren Plattfüßen rund um das Spielfeld, die hatten ihn fertiggemacht mit ihren Pfiffen, ihrem Gelächter und Gejohle, wenn der andere ihn stehenließ und mit dem Ball davonzog. Zwischendurch, wenn der Spielverlauf ihm eine Atempause gönnte, fragte es in ihm, warum die alle denn kein bißchen Verständnis mehr hatten für ihn, kein Verständnis dafür, *daß man* langsam zu alt wird, um volle neunzig Minuten lang zu glänzen, *daß man* sich leergepumpt hat in tausend Spielen, *daß man* nicht immer gleich gut in Form ist *und daß man* seine Zeit braucht, um wieder in Form zu kommen: *die Muskeln zu beherrschen, den Blick zu schärfen, den Instinkt zu wecken,* sich einzuspielen in die Mannschaft, aus der man so lange verbannt war; *mit einem Wort: sich selber wiederzufinden.* In ihm heulte es um dieses Verständnis, bettelte es um ein bißchen Gerechtigkeit. Sie aber pfiffen und lachten, *wenn ihm ein Dribbling mißlang, wenn der Ball* ihm über den Rist rollte, *wenn er* ungenau abspielte, *wenn er* überlaufen wurde von diesem verteufelt flinken Kerl, den zu halten seine unerfüllbare Aufgabe war, und sie riefen ihm Schimpfworte zu, *wenn* sie glaubten, er spiele nachlässig, gleichgültig, ohne Ambition, diesweil doch nur dies die Wahrheit war: *daß* der andere der bessere Spieler war, so wie tausendmal ei der bessere Spieler gewesen war. *Aber das wußte nur er allein. Und er allein wußte, daß er* diesmal um mehr als nur um den Sieg seiner Mannschaft, *daß er* in Wahrheit um sein Leben spielte; denn auch Erika würde lachen und höhnen, wenn er endgültig aufhörte, das zu sein, was sie sich angeheiratet hatte: der gefeierte Sportler, der Star seines Clubs, der Held aus neunundvierzig Länderspielen, das Idol der Masse. Als er das erste Tor nicht hatte verhindern können, wurde er aus*gepfiffen,* sie *pfiffen* weiter, als ihm eine Abwehr mißlang; *und je mehr sie pfiffen,* desto mehr verpatzte er. Und dann, als er gleich zweimal hintereinander von diesem wieselflinken Burschen ausgespielt wurde, und als sie dem zujubelten und für ihn wieder nur ein paar Pfiffe übrig hatten, da fuhr's ihm in das Bein, und das Bein trat hin, wo ein Widerstand sich bot: ohne Haß gegen den, den er traf, ohne Wut über den, der besser spielte als …"

Stundenverlauf:

Unterrichtsschritt 1:

Einstieg und Motivation können auf zwei Arten geschehen:
1. durch die Lektüre des Textes,
2. durch den Hinweis auf die Karriere ehemaliger Fußballstars, die der Lektüre des Textes vorgeschaltet werden kann.

Zu diesem Zweck können Zeitungsausschnitte aus Sportberichten verwendet werden. Wenn die Lektüre des Textes als vorbereitende Hausaufgabe aufgegeben war, beginnen wir die Stunde mit der Herausarbeitung der Doppeldeutigkeit des Titels. Die Leitfrage, die den Schülern gestellt wird, lautet:
Wie erklärt ihr euch den Titel der Geschichte?
Von daher wird dann übergeleitet zum nächsten Unterrichtsschritt, indem der Lehrer die Aufmerksamkeit der Schüler auf die im Text dargestellten Zeiträume des Geschehens lenkt.

Unterrichtsschritt 2:

Auf der Grundlage der Doppeldeutigkeit des Titels werden nun die beiden Geschehensebenen herausgearbeitet und in drei Phasen herausgestellt:

1. Die Benennung der beiden Geschehensebenen, als
   a) unmittelbares Geschehen der Gegen-
      wart (Gang in die Umkleidekabine);
   b) ausschnitthafter Rückblick auf ver-
      gangene Ereignisse (Karriere als Star
      und das Spielgeschehen).
2. Die Verschränkung dieser Geschehensebenen.
3. Die Zeitdarstellung dieser Geschehensebenen (Zeitraffung und Zeitdehnung).

Dabei ist es sinnvoll, die Termini ‚Erzählzeit'
und ‚erzählte Zeit' zu wiederholen. Zur Er-
arbeitung dieser Sachverhalte sind folgende
Leitfragen notwendig:
Welche Geschehensebenen weist der Text
auf?
Zeige Nahtstellen der Verflechtung dieser
Geschehensebenen auf! Welche Arten der
Zeitdarstellung werden in diesem Text an-
gewandt?

Unterrichtsschritt 3:

Im dritten Unterrichtsschritt wird wieder auf
den Inhalt des Textes eingegangen. Unter
Berücksichtigung der Doppeldeutigkeit des
Titels und der Geschehensebenen werden die
verschiedenen Ursachen für „den Weg hinaus" aus dem Text belegt und ggf. in die Tafelskizze integriert. Die Leitfragen an die
Schüler lauten:
Welches sind die Ursachen für „den Weg
hinaus"? („die Wege hinaus")
Welche Folgen haben die Ereignisse für das
weitere Leben der Hauptperson?

Unterrichtsschritt 4:

Bei der Betrachtung der Sprachgestalt werden verschiedene rhetorische Stilmittel und
ihre Funktion aus dem Kontext untersucht.
Die Bildhaftigkeit wird vor allem durch Vergleiche und Metaphern zum Ausdruck gebracht. Im lexikalischen Bereich sind durch

die Verwendung von Fachtermini Einflüsse
aus dem Sportjargon nachweisbar.
Parallelismus und Inversion treten gehäuft
auf. Als Textgrundlage zur Erarbeitung dieser sprachlichen Besonderheiten bieten sich
der 2., 3. und 9. Textabschnitt an, der mit
Leitfragen zu behandeln ist (siehe Stundenblatt).
Die Arbeitsergebnisse dieser Leitfragen, die
in den arbeitsteiligen und themengleichen
Gruppenunterricht eingesetzt werden sollen,
werden in einer Gruppenberichtsphase dargestellt und in einer abschließenden Plenumsphase zusammengefaßt.

Varianten:

Vorschläge für einen arbeitsteiligen Gruppenunterricht:
1. Welche Geschehensebenen weist der
   Text auf? Beschreibe, in welcher Beziehung sie zueinanderstehen! (Gesichtspunkt, Zeitraffung und Zeitdehnung)
2. Erläutere die Thematik des Textes vom
   Titel her! Warum heißt der Text „Der
   Weg hinaus"? Nenne die Ursachen für
   diesen Weg hinaus und beschreibe die
   möglichen Folgen für die Hauptfigur!
3. Untersucht die Sprachgestalt des Textes
   unter dem Gesichtspunkt des Worts-
   chatzes und der Syntax!
   Welche rhetorischen Stilmittel erkennt
   ihr in dem Text?

Als weitere Variante kann die Einordnung
des Textes als Kurzgeschichte vorgenommen
werden, wobei die Wesensmerkmale der
modernen Kurzgeschichte vorher kurz zu
wiederholen und dann in konkreter Arbeit
am Text nachgewiesen werden.

4. Stunde:
Kurt Kusenberg
„Ein verächtlicher Blick"

Analyseschwerpunkte:

Erzählperspektive und Handlungsführung,
Elemente der Karikatur, Gewalt und Terror

Vorüberlegungen:

Der Text setzt sich im Vergleich zu den vorangegangenen (vgl. Lernsequenz 2) auf eine
andere Art und Weise mit dem Problem Gewalt und Terror auseinander. Er weist Elemente der Satire und Karikatur auf, indem er
bestimmte Ereignisse überzeichnet, sie der
Lächerlichkeit preisgibt und eine lehrhafte
Absicht aufweist. In seiner Wirkungsabsicht
verbindet er zwei Funktionen von Literatur:
delectare und docere. Zunächst wirkt der
Text vor allem unterhaltend auf die Schüler.
Nach eingehender Betrachtung wird aber
auch die lehrhafte Absicht von ihnen erkannt.

Lernziele:

Die Schüler sollen
- erkennen, was ein harmloser Vorfall unter
  Umständen auslösen kann,
- die Diskrepanz zwischen Ursache und
  Wirkung in diesem Text erfassen,
- die karikierenden Elemente des Textes
  erkennen,
- die Steigerung der Spannung erkennen,
- die Aussageintention des Textes erkennen
  (unterhaltende und lehrhafte Absicht),
- die Mittel von Gewalt und Terror auf den
  Menschen aus dem Text belegen können,
- den Text als Kurzgeschichte einordnen
  können.

Textdarstellung:

Der Titel des Textes bezeichnet die Ausgangssituation. Ausgangspunkt des Geschehens ist die Meldung des Wachmeisters Ker-
zig, daß ein Passant ihn „verächtlich ange-
blickt" habe. Die richtige Meldung über einen harmlosen „Vorfall" setzt den ganzen
Polizeiapparat in Bewegung. In einer Großfahndung werden alle Rotbärtigen – denn der
besagte Passant trug einen roten Bart – verhaftet. Als eine Gegenüberstellung mit den
Verdächtigen nicht zur Identifizierung des
„Täters" führt, gibt der Polizeipräsident die
Anweisung, die Häftlinge zu verhören, denn
„Verhöre sind immer ergiebig".
Die bereits bei der Beschreibung der Großfahndung vom Autor angewandte karikie-
rend-übertreibende Darstellung wird auch
bei der Beschreibung der Verhörmethoden
als wirkungsvolles Mittel eingesetzt. Ursache
und Wirkung, Anlaß und Folgegeschehen
stehen in geradezu absurdem und groteskem
Mißverhältnis zueinander. Diese Dispropor-
tionalität macht für den Leser den eigentlichen Reiz aus, amüsiert ihn, macht ihn aber
zugleich auch sehr nachdenklich.
Im Anschluß an diese Erzählpassage wird die
Erzählperspektive gewechselt. Während bis
dahin lediglich das Vergehen und die erfolg-
losen Maßnahmen der Polizei dargestellt
wurden, rückt jetzt der „Mann, dem die Jagd
galt", in die Mitte des Erzählgeschehens.
Telegraphisch erhält dieser die Nachricht,
daß man ihm einen guten Posten im Ausland
anbiete, wenn „er sofort abreise". Nachdem
er sich bei einem Friseur seinen Bart hat abnehmen lassen, begibt er sich ins Polizeipräsidium, „denn nur dort, das wußte er, war in
sehr kurzer Zeit ein Paß zu erlangen".
Da „trotz mancher Papiere, die er bei sich
führte", die Ausstellung des Passes „in so
kurzer Zeit" die Kompetenzen des Paßbe-
amten überschreitet, wird er an den Polizei-
präsidenten verwiesen. Auf dem Weg dort-
hin sieht er die verhafteten rotbärtigen Män-

ner. Seine Ahnungslosigkeit zeigt sich, als es heißt: „Drollig, dachte der Mann. Ich wußte nicht, daß es ihrer so viele gibt, und nun gehöre ich nicht mehr dazu.“

Sich weltmännisch und lässig gebend, stellt der Polizeipräsident den Paß aus. Mit einem Hinweis auf die besonders hübsche Krawatte mit dem Stadtplan verabschiedet sich der Polizeipräsident. Die Aussage des Friseurs, von dem der Rotbärtige sich den Bart hatte abnehmen lassen, gibt dem Geschehen plötzlich einen neuen, unerwarteten Verlauf. Die Jagd, die daraufhin einsetzt, bleibt zur Schadenfreude des Lesers ergebnislos. Auch in diesem Zusammenhang wird die karikierende Übertreibung wieder als Gestaltungsmittel eingesetzt. Sie hat aufklärerische Funktion; durch die überzogene Darstellung bestimmter Charakterzüge und Verhaltensweisen bzw. Mechanismen werden Mißstände entlarvt und kritisiert. Angriffspunkt ist in dieser Geschichte vor allem der Polizeiapparat, der sich total verselbständigt hat und – durch einen harmlosen Vorfall ausgelöst – Maßnahmen ergreift, die auch Unschuldige bedrohen. Der Autor zeichnet ein erschreckendes Bild von einem Polizeistaat, in dem der einzelne nichts, die Institution alles ist.

Von der Handlungsführung her ergibt sich kein linear verlaufender Erzähl- und Handlungsstrang, sondern ein durch den Wechsel der Perspektive bedingter mehrfach unterbrochener Erzählstrang, der durch zwei miteinander gekoppelte und ineinander verschränkte Geschehensebenen gekennzeichnet ist. (Mögliche graphische Verdeutlichung)

Den fieberhaften, übertrieben dargestellten Maßnahmen der Polizei steht die Ahnungslosigkeit des Gesuchten gegenüber, dem der Polizeipräsident persönlich zur Flucht verhilft. In diesem spannungssteigernden Gegensatz liegt – verbunden mit der karikierenden Darstellung – der eigentliche Reiz der Geschichte.

Stundenverlauf:

Unterrichtsschritt 1:

Da der Text unmittelbar auf die Schüler wirken soll, wird er vom Lehrer zu Beginn der Stunde vorgelesen. Nach der Lektüre werden die Schüler zur freien Meinungsäußerung über den Text aufgefordert. In der daran sich anschließenden Diskussion wird sicherlich bereits auf die Diskrepanz zwischen der Nichtigkeit des Anlasses und den eingeleiteten Maßnahmen angesprochen werden. In diesem Zusammenhang kann auf den Rechtsgrundsatz der Verhältnismäßigkeit der Mittel eingegangen werden und ggf. durch juristisches Quellenmaterial Ergänzungen dazu gegeben werden.

Nach der Sicherung des Inhalts und der Erarbeitung des Handlungsgerüstes des Textes in Form einer Gliederung wird die Diskrepanz zwischen Anlaß und Ursache noch einmal konkret aus dem Text belegt und an der Tafel in einer groben Strukturskizze festgehalten. Aus der festgestellten übertriebenen Diskrepanz zwischen Ursache und Wirkung werden die Lächerlichkeit und zugleich die Gefährlichkeit des Handelns staatlicher Ordnungsorgane herausgearbeitet.

Unterrichtsschritt 2:

Im zweiten Unterrichtsschritt werden die karikierenden Elemente des Textes untersucht. Wenn die Schüler Terminus und Stilmittel der Karikatur nicht kennen, müssen diese zuvor erarbeitet oder vorgegeben werden. Dafür bieten sich zwei Möglichkeiten an:

1. Die Übernahme vorgegebener Definitionen und Begriffserläuterungen aus Sachwörterbüchern oder Lexika,
   Beispiel: Karikatur (ital. caricare = überladen, übertreiben); Zerrbild, das durch Überbetonung einzelner dennoch erkennbarer Charakterzüge komisch oder

satirisch wirkt, dient durch die einseitige Verzerrung neben dem Spott oft auch der Kritik mit der Absicht, durch Aufdeckung verurteilenswerter Schwächen und Mißstände auf politischem, sozialem oder sittlichem Gebiet zu deren Abstellung anzuregen. (Gero von Wilpert, Sachwörterbuch der Literatur, S. 378/379.)

2. Die Erarbeitung von Terminus und Stilmittel der Karikatur an einem konkreten Beispiel, wobei man am zweckmäßigsten von einer bildhaften, zeichnerischen Karikatur, wie man sie in Zeitungen und satirischen Zeitschriften vorfinden kann, ausgeht: Denn am Beispiel der Bildkarikatur können Stilmerkmale und Intentionen der Karikatur besser herausgearbeitet werden, weil visualisierte Mitteilungen vom Schüler leichter erfaßt werden (Anknüpfungsmöglichkeit an Comics).

Als wesentliche Merkmale der Karikatur müssen die verzerrende Übertreibung, die kritische Grundhaltung, der Spott und die Absicht, bestehende Mißstände und Schwächen aufzudecken, sie der Lächerlichkeit preiszugeben und damit abstellen zu wollen, herausgearbeitet werden. Diese Merkmale müssen aus dem Text belegt und in ihrer Wirkung auf den Leser beschrieben werden. Insbesondere muß der kritisierende Mißstand (Willkür staatlicher Ordnungsorgane, Gefahr der Verselbständigung eines Ordnungsapparates) erkannt werden.

Die zur Herausarbeitung dieses Aspektes erforderlichen Leitfragen lauten:
Was will der Verfasser des Textes kritisieren? Welche (sprachlichen) Mittel wendet der Verfasser zur Verwirklichung seiner Absicht an?

Diese Leitfragen sind insbesondere anwendbar auf den Einsatz der Funkstreifen, die Verhörmethoden und die Fahrt zum Flugplatz.

Unterrichtsschritt 3:

Der Lehrer leitet über zur Betrachtung der Handlungsführung, indem er die Frage stellt: Welche Handlungsstränge lassen sich in dem Text voneinander unterscheiden? Nachdem die Schüler die beiden Erzähl- bzw. Handlungsstränge erkannt haben – das Vergehen, die Maßnahmen der Polizei – das Geschehen um den Mann, dem die Maßnahmen der Polizei gelten, – fordert der Lehrer dazu auf, die Handlungsführung graphisch zu veranschaulichen. Dabei wird deutlich, daß es keinen linear verlaufenden, sondern zwei miteinander verkoppelte bzw. zwei ineinanderverschachtelte Erzählstränge (Geschehensebenen) gibt, die an einer Stelle durch einen Einschub des Erzählers („Hier ist nachzuholen…") aus rückschauender Perspektive unterbrochen wird. Bei der Ausführung der Graphik empfiehlt es sich, zur Verdeutlichung der Handlungs- und Erzählstränge mit drei verschiedenen Farben zu operieren und die Nahtstellen im Text und/oder an der Tafel entsprechend zu markieren.

5. Stunde:
Günther Weisenborn „Die Aussage"

Analyseschwerpunkte:

Überwindung einer lebensbedrohenden Situation, sprachliches Kommunikationsmodell, Erzähltechnik.

Vorüberlegungen:

Auch in diesem Text wird eine lebensbedrohende Situation dargestellt. Von seiner Thematik her läßt er sich einmal in den Themenbereich Gewalt, Terror einordnen, zum anderen bietet er die Möglichkeit, das Kommunikationsmodell anhand eines fiktionalen Textes herauszuarbeiten. Ebenso können Besonderheiten der Erzähltechnik in bezug auf berichtende Erzählweise und szenische Darstellung herausgearbeitet werden. Der Text ist spannend geschrieben, und auf die Schüler wirkt er fesselnd und motivierend.

Lernziele:

Der Schüler soll
- die Schwierigkeiten einer Kommunikation unter extremen Bedingungen erkennen,
- wissen, daß zur Übermittlung von Informationen bestimmte Voraussetzungen gegeben sein müssen (gemeinsamer Code, Vermittlungsträger),
- die Begriffe Sender – Mitteilung – Empfänger – Kodierung und Dekodierung kennen und erläutern können,
- das Grundmodell sprachlicher Kommunikation aus dem Text erkennen und erläutern können,
- die besondere Situation des Gefangenen kennen (Einzelhaft),
- das Ausgeliefertsein des Menschen an die Gewalt erkennen und den Sieg des Menschen über die Gewalt aus diesem Text erkennen.

Textdarstellung:

Die Geschichte illustriert die Notwendigkeit von Kommunikation in einer Grenzsituation, in der Leben und Tod vom Gelingen der Kommunikation abhängen. Anhand des Textes läßt sich der Wirkungszusammenhang der Kommunikation und der zu ihrem Gelingen erforderliche Faktor aufzeigen.

Die Ausgangssituation dieses unmittelbar und aus der Ich-Perspektive erzählten Geschehens besteht darin, daß zwei als „ich" und „er" bezeichnete Gefangene der Ge-stapo sich unbedingt verständigen müssen. Da beide in Einzelzellen inhaftiert sind und ein Gespräch wegen der scharfen Bewachung ausgeschlossen ist, ergibt sich die Notwendigkeit einer Kommunikation unter extremen situativen Bedingungen.

Der Erzähler muß, will er sein Leben retten, seinem Zellennachbarn unbedingt etwas mitteilen. Das Erzählmuster scheint wie geschaffen, das Grundmodell der Kommunikation zu illustrieren: ein Sender („ich") will einem Empfänger („er") eine Information weiterleiten.

Da eine mündliche Verständigung durch die gegebenen Umstände nicht möglich ist, muß eine andere Kommunikationsmöglichkeit gesucht werden. Diese kann nur gelingen, wenn folgende Voraussetzungen gegeben sind:

1. die Beseitigung oder Umgehung der Störfaktoren und
2. die Schaffung eines gemeinsamen Zeichensystems (= Kode), denn nur dadurch ist die Kodierung und Dekodierung der Mitteilung möglich.

Welche Schwierigkeiten bei der Schaffung eines solchen Zeichensystems unter Umständen auftreten können, wird im Text deutlich. Nach vielen vergeblichen Versuchen gelingt die Kommunikation, wobei akustische Signale (Klopfzeichen) als Kommunikationsträger fungieren. Die Verständigung als „Kontakt von Hirn zu Hirn" geschieht „nicht durch den Mund, sondern durch die Hand". An einer Stelle heißt es bezeichnenderweise im Text: „In der Nacht klopfte ich ihn an."

Die strukturellen Merkmale des Textes verweisen auf die Kurzgeschichte: unvermittelter Beginn – Steigerung bis zum Höhe- und Wendepunkt und offener Schluß. („Ich war gerettet. Vielleicht.") Die verwendete Sprache ist von einer nüchternen Sachlichkeit, die Sätze sind überwiegend von extremer Kürze.

Auffälligstes Merkmal des Textes ist aber der Wechsel von der epischen zur dramatischen Form, der auch optisch in der Textgestalt erkennbar ist. Dieser Übergang hat nicht nur eine spannungssteigernde Funktion, er soll auch den Ablauf des Kommunikationsprozesses realistisch darstellen, d. h. daß die Wiedergabe des „Dialogs" in einer rein dramatischen Form erfolgen muß. Aus dem (epischen) Erzählvorgang wird eine (dramatische) Szene. Auf die für eine szenische Darstellung erforderlichen Begleitsätze zur wörtlichen Rede und andere Verknüpfungen muß deshalb verzichtet werden.

Zur Verdeutlichung dieses Wechsels sollte die Übergangsstelle im Text einer genauen Analyse unterzogen werden:
„... In der Nacht klopfte ich ihn an:
„Du ... mußt ... deine ... Aussage ... zurücknehmen."
Er klopfte zurück:
„Warum?"
Ich: „Ist ... zweite ..."
Er: „Wußte ... ich ... nicht!"

Im Zusammenhang mit der durch die besonderen Umstände der kommunikativen Situation notwendigen Reduzierung der Mitteilungen auf die kürzestmögliche Form könnte noch auf das Redundanzproblem eingegangen werden.

Stundenverlauf:

Unterrichtsschritt 1:

Einstieg und Motivation erfolgen durch die Ankündigung der Textlektüre durch den Lehrer, der zuvor noch einige Sacherklärungen zu den Begriffen Morse, Gestapo und SS gibt und damit eine grobe zeitliche Einordnung des Textes ermöglicht. Dann wird der Text vom Lehrer vorgelesen oder von den Schülern in Stillektüre gelesen. Anschlie-

ßend werden evtl. auftauchende Verständnisschwierigkeiten geklärt. Einige Schüler kommen mit den im Text verwendeten Punkten und Klopfzeichen zunächst nicht zurecht, und man sollte in diesem Falle mit der Klasse einige Leseverstehungsübungen, ggf. einen Lesewettbewerb durchführen. Dazu wird von einem durchschnittlichen Schüler eine entsprechende Textpassage vorgelesen, die von den Mitschülern dann korrigiert und bewertet werden kann. Als Bewertungskriterien sollten dabei beachtet werden:
die Beachtung der Spannungsbögen,
sinngerechte Betonung,
(beim Wechsel von berichtender Erzählweise und szenischer Darstellung)
Sprechtempo und Lautstärke bzw. Modulation der Stimme.

Unterrichtsschritt 2:

In dieser Unterrichtsphase wird auf der Grundlage des vorliegenden Textes das Modell der sprachlichen Kommunikation entwickelt.
Als Leitfrage für die Herausarbeitung werden formuliert:
Was versteht man unter Kommunikation? Unter welchen Bedingungen kommt Kommunikation zustande? Welche nichtsprachlichen (situativen Störfaktoren) müssen beseitigt werden, damit die Kommunikation gelingt? Welche Voraussetzungen müssen erfüllt sein, damit eine Verständigung (Kommunikation) stattfinden kann? Leite aus der im Text dargestellten Situation ein allgemeines Modell sprachlicher Kommunikation ab!

Zur Beantwortung der Leitfragen muß die dreigliedrige Struktur sprachlicher Kommunikation unter Verwendung der Begriffe Sender (Sprecher) – Mitteilung – Empfänger (Hörer) erkannt werden. Darüber hinaus werden die situativen (außersprachlichen) Voraussetzungen und der Ablaufprozeß sprachlicher Kommunikation genannt und beschrieben, wobei die Begriffe Kode, Kodierung, Dekodierung und Störfaktor in ihrer linguistischen und kommunikationssoziologischen Dimension aus der Beispielsituation des Textes abgeleitet und als Termini festgehalten werden. Im Zusammenhang mit der Definition des Kodes als einem gemeinsam verabredeten Zeichensystem müssen die Schüler das im Text verwendete Kodesystem erkennen und erklären können. Diese Phase kann unter Verwendung der Leitfragen auch in Gruppenarbeit durchgeführt werden.

Unterrichtsschritt 3:

Im dritten Unterrichtsschritt beschäftigen wir uns mit der Untersuchung der Erzähltechniken und der Textstruktur. Als Arbeitsgrundlage zur Untersuchung der Erzähltechnik wählen wir einen Textauszug, in dem für diesen Text charakteristische Erzählweisen vorkommen („Es war entsetzlich kalt... Es wurde plötzlich hell"). Zunächst werden die Schüler zu einer wiederholenden Lektüre des Textabschnittes aufgefordert. Der Lehrer lenkt die Aufmerksamkeit der Schüler auf den optischen Eindruck, den der Text auf den Betrachter macht. Auf den ersten Blick können die Schüler von daher eine Zweigliedrigkeit des Textes feststellen. Dann werden sie aufgefordert, die unterschiedlichen Merkmale vom optischen Eindruck her zu beschreiben. Als wesentliche Unterschiede werden zunächst Geschlossenheit und Offenheit der Textbilder erkannt. Danach wird auf die erzähltechnischen Darstellungsmerkmale der Zeitdarstellung und der Erzählsituation eingegangen. Als Leitfragen zur Herausarbeitung des Unterschiedes in der Zeitdarstellung lassen sich formulieren: Welche Zeiträume werden im ersten und zweiten Textteil dargestellt? Vergleiche sie in ihrer Länge! Vergleiche den dargestellten Zeitraum mit der Zeit, die aufgewendet wird, um diesen Zeitraum zu erzählen! Zu welchem Ergebnis kommt ihr?

Damit wird auf die begriffliche Erklärung der Termini, Erzählzeit und erzählte Zeit, hingearbeitet, auf deren Grundlage man die verschiedenen Möglichkeiten der Zeitdarstellung erklären und textspezifisch einordnen kann. Die Schüler ordnen dem ersten Textteil eine Zeitraffung und dem zweiten Textteil eine Zeitdeckung zu. Die verschiedenen Möglichkeiten der Zeitdarstellung können auch unter Verwendung der Begriffe erzählte Zeit und Erzählzeit, die in ihrer Verhältnismäßigkeit mathematisch ausgedrückt werden, wie folgt dargestellt werden:

Möglichkeiten der Zeitdarstellung:
(Verhältnis Erzählzeit : erzählte Zeit)

$$\frac{\textit{Erzählzeit}}{\textit{erzählte Zeit}} = 1 \,\triangleright\, \text{Zeitdeckung}$$
(Erzählzeit und erzählte Zeit sind gleich)

$$\frac{\textit{Erzählzeit}}{\textit{erzählte Zeit}} > 1 \,\triangleright\, \text{Zeitdehnung}$$
(Die Erzählzeit ist länger als die erzählte Zeit)

$$\frac{\textit{Erzählzeit}}{\textit{erzählte Zeit}} < 1 \,\triangleright\, \text{Zeitraffung}$$
(Die Erzählzeit ist kürzer als die erzählte Zeit)

Aufgrund dieser Tabelle erkennen die Schüler, daß im ersten Textteil Zeitraffung und im zweiten Textteil Zeitdeckung vorliegen. Sie sollten nun selbst ein Beispiel für Zeitdehnung gestalten. Als inhaltliche Orientierungshilfe kann der Lehrer die Wiedergabe von Gedanken nennen. (Was einem in einem Augenblick durch den Kopf geht.) Abschließend wird der Unterschied zwischen berichtender Erzählweise und dramatischer Gestaltung aus dem Text erarbeitet. Die Leitfrage dazu lautet:
Wie wird das Geschehen im Text dargestellt? Zeige Unterschiede in der Art der sprachlichen Darstellung auf!

Als Orientierungshilfe kann der Lehrer auf den Unterschied zwischen Erzählung und Drama, zwischen Roman und Drehbuch hinweisen.

Am Ende der Stunde wird die Hausaufgabe gestellt. Die Schüler müssen die Frage beantworten: Welche Bedingungen sind zum Gelingen sprachlicher Kommunikation notwendig?

Varianten:

Im Zusammenhang mit der Erarbeitung des Kommunikationsmodells kann auch auf die gestaltbildenden Komponenten der sprachlichen Kodierung eingegangen werden. Als Arbeitsgrundlage kann man die Graphik aus dem Funkkolleg Sprache, Band 1, S. 54 verwenden.

Als weitere Variante im inhaltlichen Bereich kann die Möglichkeit der gattungstypologischen Einordnung des Textes als Kurzgeschichte in Angriff genommen werden.

Fragen für einen arbeitsteiligen Gruppenunterricht:

Gruppe 1 und 2:
Gebt eine kurze Zusammenfassung der Ausgangssituation!
Wodurch wird die Verständigung zwischen den beiden Personen erschwert?

Gruppe 3 und 4:
Welche Voraussetzungen sind für das Zustandekommen von Kommunikation notwendig? Wie gelingt in der im Text dargestellten Situation die Verständigung? Welches System der Verständigung wird dabei verwendet?

Gruppe 5 und 6:
Warum gelingt die Verständigung? Begründe deine Ansicht! Kann man den Text als Kurzgeschichte bezeichnen?

Lernsequenz 4:
Gattungstypologische Abgrenzungsmöglichkeiten der Kurzgeschichte von anderen epischen Kurzformen

In dieser Lernsequenz wird der Versuch unternommen, die Kurzgeschichte gegen andere epische Kurzformen abzugrenzen. Dazu bieten sich im wesentlichen zwei Wege und Möglichkeiten an:

1. die induktive Abgrenzung durch die Herausarbeitung von Unterschieden auf der Grundlage vergleichender Textuntersuchungen der Kurzgeschichte mit anderen epischen Kurzformen;

2. die deduktive Abgrenzung durch die Auswertung theoretischer Texte zur Theorie der Kurzgeschichte und ihre Ortsbestimmung im breiten Spektrum der Kurzprosa. Aus der Vielfalt der Abgrenzungsmöglichkeiten werden hier vor allem die vier wichtigsten herausgegriffen: Anekdote, Reportage, Kalendergeschichte und Novelle,
wobei das Textspektrum so angelegt ist, daß nicht nur eine Abgrenzung möglich ist, sondern auch Übergangsformen zwischen der Kurzgeschichte und anderen epischen Kurzformen daraus abgeleitet werden können. Dies wird exemplarisch an vier Texten aufgezeigt, wobei auf die Betrachtung weiterer Texte hingewiesen wird. So soll gleichzeitig darauf hingearbeitet werden, daß es eben nicht die Kurzgeschichte, sondern eben nur Kurzgeschichten gibt und die Aussage Benders also zutrifft: „Die Kurzgeschichte ist gleisnerisch, sie opalisiert, sie wechselt je nach der Örtlichkeit und dem Klima ihre Farbe, sie ist das Chamäleon der literarischen Gattung, ein sensibles Reptil, das sich in die Farbe seiner Umgebung tarnt."
Zur dekutiven Abgrenzung eignen sich die theoretischen Äußerungen von Doderer, Bender und Höllerer (siehe Leseheft).

1. Stunde (evtl. Doppelstunde): Heinrich Böll „Anekdote zur Senkung der Arbeitsmoral"

Analyseschwerpunkte:

Gattungstypologische Abgrenzung der Kurzgeschichte zur Anekdote

Vorüberlegungen:

Dieser Text von Heinrich Böll weist Merkmale der Anekdote und Kurzgeschichte auf. Dadurch, daß man ihn als anekdotenhafte Kurzgeschichte (Bender) klassifizieren kann, bietet sich die Möglichkeit, sowohl die Abgrenzung wie auch den Übergang zwischen beiden Kurzprosatypen an diesem Text zu verdeutlichen.

Lernziele:

Der Schüler soll
- die dreiteilige Struktur des Textes erkennen,
- den äußeren Gegensatz zwischen den beiden Hauptpersonen erkennen,
- den Gegensatz von Hektik und Ruhe erkennen und den beiden Personen zuordnen können,
- erkennen, daß der Fischer und der Tourist zwei verschiedene Einstellungen zum Sinn und Zweck der Arbeit haben (Frage: Warum arbeitet der Mensch?),
- die Verwandlung von Mitleid in Neid als ein Wendepunktereignis für den Touristen erkennen,
- die Besonderheiten der Sprachgestalt im syntaktischen Bereich erkennen,
- den Text als anekdotenhafte Kurzgeschichte erkennen,
- den Unterschied zwischen Anekdote und Kurzgeschichte kennen und anhand von Merkmalen verdeutlichen können.

Textdarstellung:

Der Text weist vom Aufbau her eine klare Dreiteilung in epischen Eingang, Dialog und epischen Schluß auf. Zu Beginn wird kurz der nicht näher beschriebene Schauplatz der Handlung genannt. Die Hauptpersonen sind ein Fischer und ein Tourist.

Der Gegensatz zwischen diesen beiden Personen wird durch ihr Aussehen und Verhalten zum Ausdruck gebracht. Der „ärmlich gekleidete", vor sich hindösende Fischer vermittelt ein Bild der Ruhe und Zufriedenheit. Der „schick angezogene" Tourist wird als eifrig, eilfertig und flink beschrieben. Durch das Aufeinandertreffen von Ruhe und Hektik entsteht eine „gereizte Verlegenheit" zwischen beiden Personen, die der Tourist durch ein Gespräch zu überbrücken versucht. Der Gesprächsgegenstand ist die Einstellung des Fischers zur Arbeit oder als Frage formuliert: Warum arbeitet der Mensch?

Auch dabei ergibt sich ein Gegensatz zwischen den beiden Hauptfiguren. Für den Touristen ist es nicht faßbar, daß der Fischer zufrieden ist mit dem, was er hat, und nichtstuend in seinem Boot liegt.

Im weiteren Verlauf des Dialogs wird die gegensätzliche Einstellung zur Arbeit zum Ausdruck gebracht. Auf eine kurze Formel reduziert heißt das: der Fischer arbeitet, um zu leben, der Tourist lebt, um zu arbeiten.

Der Dialog endet mit einer überraschenden Pointe: der Tourist wird mit seinen eigenen Argumenten geschlagen. Offen bleibt, ob diese geänderte Einstellung auch einmal ihren Niederschlag in seinem Verhalten finden wird (offener Schluß).

Im Schlußabschnitt wird die didaktische Intention des Autors deutlich. So wie der belehrte Tourist nachdenklich weggeht, so erhofft sich der Autor auch einen Augenblick des Nachdenkens und der Besinnung beim Leser.

Die Gestaltung des Textes weist einige Besonderheiten auf und sollte mit den Schülern erarbeitet werden. Ausgangspunkt der Betrachtung sollte dabei der inhaltliche Gegensatz zwischen Ruhe und Hektik sein, der unter den Aspekten der kompositionstechnichen und sprachlichen Realisierung zu untersuchen ist.

Von der Komposition her gliedert sich der Text in drei Teile mit unterschiedlicher Funktion, die wir mit Exposition – Steigerung (Klimax) bis zur Pointe – Lehre bezeichnen können. Berücksichtigt man in diesem Zusammenhang noch den Aspekt der Erzähltechnik, so ergibt sich folgende Zuordnung.

kompositorische Funktion	Textabschnitte	Erzählweise (Darstellung)
1. Exposition	erster Abschnitt	berichtende Erzählweise
2. Steigerung (Klimax) bis zur überraschenden Pointe	Dialog	überwiegend szenische Darstellung
3. Lehre	letzter Abschnitt	berichtende Erzählweise

Im ersten Textabschnitt wird der Gegensatz zwischen der Ruhe des Fischers und der Hektik des Touristen expositionsartig in einer berichtenden Erzählweise dargestellt. Ruhe und Hektik werden als Gegensätze inhaltlich und formal zum Ausdruck gebracht. Inhaltlich läßt sich dieser Gegensatz durch eine vergleichende Wortschatzanalyse in der Beschreibung der Verhaltensweisen leicht nachweisen (Tafelanschrift).

Im formalen Bereich liefert eine genaue Untersuchung der Syntax wichtige Hinweise zur Verdeutlichung des Gegensatzes:

1. Die Zerstörung des Idylls findet ihre syntaktische Entsprechung. Vor dem Doppelpunkt sind die Sätze in ihrem Bau und ihrer Sprachmelodie einfach und ausgewogen. Nach dem Doppelpunkt beginnt die „fotografische" Zerlegung und damit die Zerstörung der Idylle, indem das Gesamtbild aufgelöst wird in eine Reihe beziehungslos nebeneinanderstehender austauschbarer Versatzstücke, wie man sie aus dem Jargon von Reiseprospekten gewohnt ist. Die Zerstörung und Beziehungslosigkeit äußert sich in der asyndetischen Reihung von Schlagwörtern und Leerformeln, die Montagecharakter besitzt: „blauer Himmel, grüne See mit friedlichen schneeweißen Wellenkämmen, schwarzes Boot, rote Fischermütze. Klick."

Alle diese Versatzstücke bestehen aus Farbadjektiv + Substantiv. Dies deutet darauf hin, daß die Idylle nicht in ihrem eigentlichen Wesen, sondern lediglich in ihrer farblichen Komposition als fotografisches Objekt erfaßt wird.

2. In der viermaligen Wiederholung des Wortes „Klick", das den Sprachfluß störend unterbricht. Das viermalige Klicken des Fotoapparates stört die idyllische Ruhe des dösenden Fischers. Die Syntax wird damit zum Spiegel der inhaltlichen Aussage.

In dem nun folgenden Dialog wird der Gegensatz fortgesetzt und gesteigert, was sich in der formalen Gestaltung des Dialoges äußert.

Der Fischer, dessen Dialoganteil vom Umfang her sehr gering ist, bleibt während des gesamten Dialogs ruhig und gelassen. Seine Antworten, die sich in der Anfangsphase nur auf Kopfschütteln und Kopfnicken beschränken, sind kurz und knapp. Im Gegensatz dazu stehen das Verhalten und der Dialogteil des Touristen. Er steigert sich in eine hektische Begeisterung und Erregung hinein, die ihm mehrmals die Sprache verschlägt. Dies wird syntaktisch dadurch verdeutlicht, daß an diesen Stellen die direkte Rede mitten im Satz plötzlich unterbrochen wird: „... sie würden ...", die Begeisterung verschlägt ihm für ein paar Augenblicke die Stimme, „sie würden... – und dann...", wieder verschlägt die Begeisterung dem Fremden die Sprache...".

Als rhetorisches Stilmittel wird hier der Anakoluth (Satzbruch) verwendet. Entsprechend der wachsenden Erregung des Touristen steigt der Spannungsbogen des Dialogs.

Während des gesamten Dialogs begeht der Tourist den Fehler, das Verhalten des Fischers am eigenen Verhalten messen zu wollen. Der Tourist unterliegt am Ende der eigenen Argumentation; aus dem Belehrenden wird ein Belehrter. Daran knüpft auch die Lehre im Schlußabschnitt an, die die eingetretene Veränderung durch einen Wechsel in der Erzählweise von der szenischen Darstellung zur berichtenden Erzählweise formal verdeutlicht.

Bei der Betrachtung sollte auch auf die Erzählhaltung und auf die versteckten Wertungen des Erzählers eingegangen werden, der von dem Touristen stets nur im ironisch nachsichtigen Ton spricht. An mehreren Stellen wird die Einstellung des Erzählers deutlich: „Gewiß liegt ihm das Wohl des ärmlich gekleideten Menschen am Herzen, nagt an ihm die Trauer über die verpaßte Gelegenheit." „Endlich geht der Fischer von der Zeichensprache zum wahrhaft gesprochenen Wort über." „Der Gesichtsausdruck des Touristen wird immer unglücklicher, er kann die Frage nicht mehr unterdrücken, die ihm sozusagen das Herz zu sprengen droht." „Dessen besorgter Gesichtsausdruck erscheint ihm als Aus-

druck zwar unangebrachter, doch rührender Kümmernis."

„Kopfschüttelnd, im tiefsten Herzen betrübt, seiner Urlaubsfreude fast verlustig, blickt er auf die friedlich hereinrollende Flut, in der die ungefangenen Fische munter springen."

Anhand dieser Textstellen kann mit den Schülern Wesen und Funktion der Ironie erarbeitet werden, indem der Unterschied zwischen Sagen und Meinen aus dem Kontext erschlossen wird. Da die Erörterung dieses Aspekts jedoch in unserem Fall hohe sprachliche Sensibilität erfordert, sollte auf diesen Aspekt nur eingegangen werden, wenn Ironie als literarisches Gestaltungsmittel den Schülern schon früher einmal begegnet ist.

Stundenverlauf:

Unterrichtsschritt 1:

Der Lehrer gibt zu Beginn der Stunde einen kurzen Hinweis darauf, daß es außer der Kurzgeschichte noch andere epische Kurzformen gibt, und fordert die Schüler auf, solche zu nennen und ggf. ihre wesentlichen Merkmale aufzuzählen. In dieser Phase werden Kenntnisstand und Erinnerungsvermögen der Schüler in Anspruch genommen. Bei dem Versuch, diese Kurzformen untereinander und gegen die Kurzgeschichte abzugrenzen, treten Schwierigkeiten auf, die vor allem in vagen und unpräzisen Äußerungen zum Ausdruck kommen. Im Bewußtsein dieser Schwierigkeiten leitet der Lehrer über zur Lektüre des Textes von Heinrich Böll „Anekdote zur Senkung der Arbeitsmoral", ohne jedoch den Titel desselben vorher anzugeben. Diese Verfahrensweise erscheint dann problematisch, wenn den Schülern der Text durch Eigenlektüre schon vorher bekannt ist. In diesem Fall kann man auf einen inhaltlichen Gegensatz hinweisen, der durch folgende Literatur angesprochen wird:

Wie kommt es, daß ein Text, der in seiner Überschrift als Anekdote bezeichnet wird, in einer Sammlung von Kurzgeschichten enthalten ist?

Unterrichtsschritt 2:

Unterrichtsschritt 2 wird eingeleitet mit der Erarbeitung einer Textgliederung. Dabei müssen die Schüler die dreiteilige Struktur erkennen:

epischer Eingang   Dialog epischer Schluß
(1. Abschnitt)   (letzter Abschnitt)

Danach werden den Textabschnitten die Erzählweisen und die kompositorische Funktion der Textabschnitte zugeordnet (vgl. Textdarstellung). Unter inhaltlichem Aspekt werden die äußeren Unterschiede zwischen den beiden Hauptpersonen und ihre unterschiedliche Einstellung zur Arbeit in einer Tabelle vergleichend einander gegenübergestellt und diese auf die folgende Formulierung gebracht:

Arbeiten, um zu leben –
Leben, um zu arbeiten

Auf der Grundlage dieses Gegensatzes und unter Berücksichtigung des Textschlusses wird die lehrhafte Absicht des Verfassers von den Schülern ohne große Mühe erkannt.

Unterrichtsschritt 3:

Ein wichtiger Aspekt, der bei diesem Text behandelt werden muß, sind die Besonderheiten der Sprachgestalt, die auf den Zusammenhang zwischen Inhalt und Form hinweisen. Als Textgrundlage bieten sich die beiden umfangreichsten Textabschnitte an. Der Lehrer lenkt das Interesse der Schüler auf die Syntax und stellt die Leitfrage: Welche rhetorischen Stilmittel verwendet der Verfasser? Begründe die rhetorischen Stilmittel aus ihrer inhaltlichen Funktion! Das viermalige Wiederholen des „Klick" wirkt syntaktisch ebenso störend, wie es die Ruhe des Fischers akustisch stört. Die Verwendung des Anakoluths (Satzbruches) ist die syntaktische (formale) Entsprechung der Erregung des Touristen, der mitten im Satz außer Atem kommt, dem es gewissermaßen vor Erregung die Sprache verschlägt.

Unterrichtsschritt 4:

Zu Beginn dieses Unterrichtsschrittes weist der Lehrer mit der folgenden Frage auf einen Gegensatz hin (oder knüpft an den bereits von den Schülern erkannten Gegensatz an): Wie kommt es, daß ein Text, der in seiner Überschrift als Anekdote bezeichnet wird, in einer Sammlung von Kurzgeschichten enthalten sein kann? Die Schüler weisen darauf hin, daß eine Beantwortung der Frage nur möglich ist, wenn man

1. weiß, was eine Anekdote und eine Kurzgeschichte ist,
2. in einer vergleichenden Analyse der Gattungsmerkmale eine Texteinordnung vornehmen kann.

Da die Wesensmerkmale der Kurzgeschichte bekannt sind, müssen die Merkmale der Anekdote, wenn sie bereits als Textgattung behandelt ist, wiederholt werden oder aber in einer vergleichenden Textanalyse erarbeitet werden, wobei man von der Erzählform des Witzes ausgehen kann und die Unterschiede zur Anekdote in bezug auf die Personen herausstellt. Als übereinstimmende Merkmale zwischen Witz und Anekdote sind festzuhalten:

– die lebendige Veranschaulichung des Geschehens im Dialog (Rede und Gegenrede);
– die Beschränkung des Erzählvorganges auf eine kurze, umrissene Situation;
– die Steigerung und Zuspitzung auf die Schlußpointe.

Danach beantworten die Schüler die Frage: Welche Absicht verfolgt der Verfasser einer

Anekdote gegenüber dem Leser? Als Textgrundlage zur Erarbeitung dieses Unterschiedes wählt man eine relativ kurze Anekdote und einen Witz, die man dem Schüler auf einem Arbeitsblatt vorlegt. Es ist jedoch auch möglich, daß Anekdote und Witz vom Lehrer oder von Schülern aus ihrem eigenen Erfahrungsbereich genommen und nur mündlich vorgetragen werden.

Wenn man als Lehrform den Gruppenunterricht anwendet, werden die Arbeitsanweisungen und Leitfragen für den Primärtext auf dieses Arbeitsblatt ergänzt. Als Quellen für die Primärtexte kommen Anekdotensammlungen und Publikationszeitschriften in Frage. Darüber hinaus können die Schüler auch selbst Anekdoten und Witze erzählen, die man als Textgrundlage verwenden kann. Auch in den verschiedenen Lese- und Sprachbüchern für die Sekundarstufe I sind solche Texte leicht zu finden (vgl. z. B. Sprachbuch „Wort und Sinn', Band 7, S. 61 – 63).

Die Stunde wird abgeschlossen mit der Behandlung der Frage: Inwiefern weist der Text von Heinrich Böll „Anekdote zur Senkung der Arbeitsmoral" Merkmale der Kurzgeschichte und der Anekdote auf? Wie kann man den Text gattungstypologisch einordnen? Diese Einordnung kann man in einer Kurzformel zum Ausdruck bringen, indem man feststellt, daß dieser Text eine anekdotenhafte Kurzgeschichte ist.

Wenn die Merkmale der Anekdote in einer vergleichenden Textanalyse erarbeitet werden müssen, ist für die Behandlung dieses Zusammenhanges eine Doppelstunde erforderlich.

Varianten:

Eine Ergänzungsmöglichkeit bei der Behandlung dieser Kurzgeschichte bietet sich in der Erarbeitung der Ironie, die sich als Diskrepanz zwischen dem Gemeinten und Gesagten darstellt. Bei der Behandlung der Merkmale der Anekdote kann man zusätzlich zum Witz auch noch die Klatschgeschichte als Vergleichstext heranziehen. Anekdotendefinitionen finden sich u. a. in Gero von Wilperts Sachwörterbuch der Literatur und im Schülerduden „Die Literatur" sowie in den verschiedenen Sprachbüchern für die Sekundarstufe I. Bei einer mehr inhaltlich orientierten Auswertung des Textes kann man für einen arbeitsteiligen Gruppenunterricht folgende Arbeitsanweisungen und Fragen zusammenstellen:

1. Entwerft eine Gliederung des Textes und beschreibt die Ausgangssituation!
   Was wißt ihr über die Merkmale der Anekdote?
2. Worüber unterhalten sich die beiden Hauptfiguren?
   Versucht, das Gesprächsthema in einer Frage zusammenzufassen!
   Stellt die Unterschiede in der Beantwortung der Frage heraus!
   Beschreibe (Nenne) die Merkmale der Anekdote!
3. Welche Wirkung hat das Ereignis auf den Touristen?
   Was ist die Aussageabsicht des Autors?
   Beschreibe (Nenne) die Merkmale der Anekdote!

2./3. Stunde:
Günter Wallraff
„Am Band"

Analyseschwerpunkte:

Einblick in die Arbeitswelt eines Fließbandarbeiters. Gattungstypologische Abgrenzung zwischen Kurzgeschichte und Reportage.

Vorüberlegungen:

Da es sich bei diesem Text um eine reportagenhafte Kurzgeschichte handelt, d. h. um eine Kurzgeschichte, die reportagenhafte Merkmale und Stilmittel aufweist, eignet sie sich sowohl zur Abgrenzung als auch zur Darstellung des Übergangs zwischen der Kurzgeschichte und der Reportage. Im Text wird nämlich an einer Stelle auch der Begriff Reportage verwendet. An ihm können in exemplarischer Weise die gattungstypologischen Merkmale von Kurzgeschichte und Reportage verdeutlicht werden.

Lernziele:

Auf der Grundlage der Kenntnis von Wesensmerkmalen der Kurzgeschichte sollen bei der Behandlung dieses Textes ggf. unter Einbeziehung eines zusätzlichen typischen Reportagetextes folgende Lernziele angestrebt werden:

— der Schüler soll den Text gliedern können,
— einen Einblick in die Arbeitswelt des Fließbandarbeiters gewinnen und diese beschreiben können,
— die Arbeit am Band und ihre Auswirkungen erkennen und kritisch betrachten,
— den Wert des Bandarbeiters für die Werksleitung erkennen,
— erkennen, daß der Bandarbeiter eine anonyme Nummer ist,
— erkennen, daß der Text aus der Perspektive eines erlebenden Ichs geschrieben wird,
— erkennen, daß es durch die Veröffentlichung seiner Erfahrungen zu einem Konflikt mit der Werksleitung kommt,
— den Unterschied zwischen Reportage und Kurzgeschichte kennen,
— den Text als eine reportagenhafte Kurzgeschichte einordnen können.

Textdarstellung:

Der von seiner Thematik her als Bericht aus der modernen Arbeitswelt einzuordnende Text wird aus der Ich-Perspektive erzählt. Er gibt in einem Wechsel von berichtender Erzählweise und szenischer Darstellung die Beschreibung der Arbeitswelt am Fließband aus der Sicht eines Betroffenen. Von seinem Aufbau her läßt sich der Text in zwei große Sinnabschnitte einteilen:
1. die Beschreibung der Arbeitswelt am Band und ihre Auswirkungen auf das Leben der Bandarbeiter,
2. die Darstellung des durch die Veröffentlichung der Erfahrungen und Beobachtungen ausgelösten Konflikts mit der Werksleitung.

Zunächst wird die Arbeit am Band anhand konkreter Beispiele und Situationen aus eigener und fremder Erfahrung beschrieben. Die ewige Eintönigkeit, das Ausgeliefertsein an das Band („Nach drei Stunden bin ich selbst nur noch Band. Ich spüre die fließende Bewegung des Bandes wie einen Sog in mir.") und der Streß führen zu seelischen und körperlichen Schäden, zu Abstumpfung und Unzufriedenheit. Der Arbeiter wird zum Sklaven des Bandes. Wallraff liefert mit seinen Aussagen eine Bestandsaufnahme, bei der der Leser sich anhand der geschilderten Fakten sein Urteil selbst bilden muß. Nachdem die Arbeit am Band und ihre Auswirkungen auf den Bandarbeiter dargestellt sind, wird der Wert des Bandarbeiters für die Werksleitung ebenfalls durch entsprechende Beispiele verdeutlicht.
Welchen Wert der Bandarbeiter hat, wird bei Feuerschutzübungen deutlich. Denn da wird erklärt, daß jeder einen Brand bis zum Eintreffen der Werksfeuerwehr „beherzt und mutig, unter persönlichem Einsatz" zu bekämpfen hat, um die „kostbaren Maschinen" zu retten. Wie man unter Umständen sein Leben retten kann, wird nicht erklärt. Be-

zeichnend ist auch der Ausspruch des Busfahrers, der nach der Leibesvisitation durch den Werkschutz lakonisch feststellt: „Man behandelt euch wie die Verbrecher."
Für die Werksleitung ist der Bandarbeiter eine anonyme Nummer. Aber auch untereinander sind die Bandarbeiter anonym, denn sie kennen sich kaum und haben auch außerhalb ihres Arbeitsplatzes keine Verbindung zueinander. Damit ist der erste Sinnabschnitt des Textes abgeschlossen. Die Wende tritt ein, als bekannt wird, daß der Erzähler über seine Arbeit schreibt und damit Mißstände im Werk an die Öffentlichkeit bringt.
Die Veröffentlichung seiner Erfahrungen und Eindrücke führt zum Konflikt mit der Werksleitung. Dabei muß zwischen den eigentlichen und den vorgeschobenen Motiven der Werksleitung und ihrer Leute unterschieden werden. Während der „Hallengott" den Artikel zunächst nur „zumindest gewaltig übertrieben" findet, ihn im Laufe der Auseinandersetzung dann aber als „diffamierende Lüge" bezeichnet und der Leiter des Werkschutzes mit Sanktionen wegen Verstoßes gegen die Arbeitsordnung und Hausfriedensbruch droht, wird das eigentliche Motiv – die Angst um das Image der Firma – zuletzt genannt. Die hysterische Reaktion des Hallengottes ist für den Erzähler der Beweis, daß er „mit der Reportage wunde Stellen getroffen hat".
In diesem Zusammenhang ist noch auf einen Gegensatz hinzuweisen. Der Welt der Bandarbeiter, die durch die „lackbespritzte Arbeitsschürze" und den „brandenden Arbeitslärm" gekennzeichnet ist, steht die durch „blütenweiße Hemden" und einen „farbigen freundlichen Raum" mit „schalldichten Wänden" gekennzeichnete Welt der Hallengötter entgegen. Herrschende und Beherrschte werden einander gegenübergestellt.
Der Bandarbeiter ist den Hallengöttern und dem durch sie verwalteten Band ausgeliefert, er fühlt sich ausgebeutet. Die Hallengötter

interessieren in erster Linie die Produktionszahlen. Die Aussage des Hallengottes: „Das Wertvollste, das wir bei G. haben, ist immer noch der Mensch. Seine Würde achten wir über alles", wirkt dagegen wie ein Hohn, wie auch das abschließende Beispiel der Hitzeerleichterung deutlich zeigt.

Die wesentlichen Merkmale der Sprachgestalt sind: Umgangssprache, der von der Arbeit geprägte Jargon der Arbeiter und die Verwendung von Fachausdrücken. Die Umgangssprache ist erkennbar an der Syntax („bin ich so durchgedreht und fertig", „die vor mir am Band arbeiten und die hinter mir", „bis es dem zu bunt wurde", „wir stehen hier wie die Bekloppten", „die lassen alles mit sich machen", „dann schreibst du ganz andere Dinger" etc.) und der Wortwahl („Mumpitz", „abstottern", „langsam aber sicher").
Die Sprachgestalt des Textes ist der sachlich nüchternen Sprache der Reportage angenähert, die gekennzeichnet ist durch die „Nähe zur objektiven und dokumentarisch nachprüfbaren Wirklichkeit" (Wilpert, 1969, S. 636).

Dennoch muß die Frage gestellt werden, inwieweit Wallraff sich um eine „leidenschaftslos sachliche Schilderung der Details" bemüht. Zwar berichtet er nur das, was ihm aus der Perspektive des unmittelbar Betroffenen objektiv zugänglich und nachprüfbar ist, doch wird seine Optik natürlich bestimmt von seiner Intention. Wallraff sieht seine Rolle als Berichterstatter, der auf Mißstände aufmerksam macht und auf Veränderungen hinwirken will.
Was das Problem der wahrheitsgetreuen Wiedergabe von Realität und der gegebenen Verfasserintention angeht, so muß dem Schüler auch folgendes bewußtgemacht werden: Eine Reportage kann niemals ganz objektiv sein. Die subjektive Sicht des sich um Objektivität bemühenden Autors bzw. Re-

porters fließt als bewußte oder unbewußte Komponente immer in eine Reportage mit ein, ganz zu schweigen von einer bewußten Irreführung durch eine einseitige Auswahl authentischer Fakten.

Schwierigkeiten dürfte auf Grund der vorliegenden (vorläufigen) Begriffsdefinition die gattungstypologische Einordnung des Textes bereiten. Dabei sollte die Frage jedoch nicht alternativ Kurzgeschichte oder nicht bzw. Kurzgeschichte oder Reportage gestellt werden; es sollte vielmehr auch die Möglichkeit einer Kompromißformel gegeben sein. Diese kann dazu dienen, die Gültigkeit der bisherigen Definition zu überprüfen bzw. zu revidieren und zu einer erweiterten Definition zu gelangen. Die (eindeutige) Zuordnung dieses Textes zur Kurzgeschichte ist sehr problematisch und angreifbar, zumal hier auch das Problem Dokumentarliteratur angesprochen wird. Deshalb wäre es besser, wenn man die Nähe des Textes zur Reportage als einer besonderen Form der Dokumentarliteratur herausarbeitet und gegebenenfalls den Begriff dokumentarische Literatur oder Dokumentarliteratur klärt, soweit dies in dem vorgegebenen Kontext möglich ist.

Um die grundlegenden Unterschiede zwischen dokumentarischen und fiktionalen Texten herauszustellen, bietet sich als Methode eine vergleichende Textanalyse an, indem die oben genannten Textarten unter den Gesichtspunkten der Verfasserintention und der Gestaltung untersucht und gegeneinander abgegrenzt werden. Als Vergleichstext kann eine der behandelten Kurzgeschichten herangezogen werden.

Bei der Erörterung des Begriffs Dokumentarliteratur ist jedoch Vorsicht geboten, denn die Diskussion um die begriffliche Fixierung ist äußerst kontrovers, und die bloße Verwendung von authentischem, also dokumentarischem Material ist „als konstitutives Merkmal einer eigenen literarischen Gattung – der Dokumentarliteratur – untauglich, da

dieser Terminus zuviel Heterogenes in sich begreift" (Carl, 1971, S. 100).

Wenn auch „das Faktum der Verwendung von Dokumenten" (Carl, 1971, S. 100) kein konstitutives Merkmal ist, so liefert es aber doch Hinweise. Wichtig vor allem ist die Tatsache, daß Dokumentarliteratur zwei Ansprüchen gerecht werden muß, dem der Literatur und dem der Dokumentation, wobei das Zusammenwirken grob als literarische Verarbeitung authentischen Materials mit einer dokumentarischen Intention beschrieben werden kann.

Das grundlegende Merkmal und Problem der Dokumentarliteratur ist das der Wiedergabe der Realität. Der Autor einer Reportage geht dabei von anderen Voraussetzungen aus als etwa der Autor einer Erzählung. Beiden geht es letztlich um die Darstellung einer Form von Wirklichkeit. Der Unterschied besteht jedoch in der Aufgabe und im Selbstverständnis des Autors. Während man dem Autor einer Erzählung eine gewisse Subjektivität der Wiedergabe und eine Stellungnahme zum Geschehen durchaus zubilligt, wenn nicht sogar verlangt, fordert man vom Autor einer Reportage ein Höchstmaß an Objektivität. Seine Darstellung muß eine realitätsgetreue Wiedergabe authentischer Fakten und Wirkungszusammenhänge sein. Dadurch stehen dem Autor einer Reportage weit weniger Gestaltungsmittel zur Verfügung als dem Autor einer Erzählung, der aus einer breiten Palette literarischer Gestaltungsmittel auswählen kann.

Dem „Reportageschreiber" wird die „Gestaltung" durch die Gestalt der Wirklichkeit gewissermaßen vorgeschrieben. Er kann bzw. muß nur aus der Fülle authentischer Fakten auswählen und muß diese so präzise wie möglich mitteilen. Die Gestaltungsmittel des „Reportageschreibers" sind also begrenzt. Die Verfasserintention äußert sich vor allem in der Auswahl und Montage des authentischen Materials. Bei der Behandlung der Reportage wie auch der Dokumentarliteratur insgesamt sollte man aber immer die Frage stellen: „Bedeutet nicht jede Oberflächenabschilderung und jede Beschränkung auf einen Teilausschnitt – und scheine er noch so durch- und überschaubar – eine unzulässige Verkürzung und Verfälschung des „Wirklichen", das nicht einmal mehr total erlebbar, geschweige denn rekonstruierbar ist?" (Carl, 1971, S. 99)

Wenn unter strukturellem Aspekt der unvermittelte Eingang und der offene, unvermittelte Schluß als wesentliche Merkmale der Kurzgeschichte hier erkannt werden, so fehlt dem Text doch eine für die Kurzgeschichte typische dramatische Zuspitzung des Geschehens auf einen genau bestimmbaren Höhe- und Wendepunkt.

Die reportagehafte Struktur zeigt sich auch darin, daß der „Erzählstrang" in ein Mosaik von Einzelbeobachtungen und Fakten aufgesplittert ist und kein zielstrebig angelegtes „Handlungsgefüge" vorhanden ist, sondern eine für die Reportage typische Montage von Versatzstücken verschiedenen Charakters und Aussagewerten, die durch die kritische Intention und die subjektive Sicht des Autors zusammengehalten wird. Das so entstandene „Dokumentationsgefüge" von authentischen Fakten wird zur kritischen Beweisführung des Autors, der bestehende Mißstände in der modernen Arbeitswelt aufdecken will.

Stundenverlauf:

Unterrichtsschritt 1:

Wegen seiner Länge wird die Lektüre des Textes als vorbereitende Hausaufgabe aufgegeben. Vor der Inhaltssicherung sind zu Beginn der Stunde Sacherklärungen notwendig (z. B. REFA – Abkürzung Reichsausschuß für Arbeitszeitermittlung [1924] – Reichsausschuß für Arbeitsstudien, seit 1948 Verband für Arbeitsstudien REFA e.V.)

Nach der Erarbeitung der Erzählperspektive wird im Rahmen der Inhaltssicherung zunächst eine Gliederung des Textes in zwei große Sinnabschnitte vorgenommen:

1. Beschreibung der Arbeitswelt am Fließband und ihre Folgen für den Bandarbeiter.
2. Auseinandersetzung mit der Werksleitung.

Unterrichtsschritt 2:

Der Unterrichtsschritt 2 wird in Gruppenarbeit fortgesetzt. Dazu wird der Klassenverband in sechs Arbeitsgruppen eingeteilt, je zwei Gruppen arbeiten themengleich, die drei Doppelgruppen untereinander arbeitsteilig. Die Arbeitsaufträge für die Gruppen lauten:

Gruppe 1 und 2:
Beschreibe anhand des Textes die Arbeit am Band und ihre Auswirkungen auf den Bandarbeiter! Worauf gründet der Verfasser des Textes seine Aussagen?

Gruppe 3 und 4:
Welchen „Wert" hat der Bandarbeiter für die Werksleitung? Belege dies aus dem Text! Welche Absicht verfolgt der Verfasser mit diesem Text?

Gruppe 5 und 6:
Wie kommt es zu einer Auseinandersetzung mit der Werksleitung? Welche beiden „Welten" werden in dieser Auseinandersetzung einander gegenübergestellt? Wie wird diese Auseinandersetzung gelöst? (Beachte den Schluß des Textes!)

Unterrichtsschritt 3:

Der Unterrichtsschritt 3 beginnt mit den Berichten der Gruppensprecher und den Ergänzungen bzw. Korrekturen durch die themengleich arbeitenden Kontrollgruppen. Dann werden die Arbeitsergebnisse entweder gemeinsam an der Tafel zusammengefaßt oder jede Doppelgruppe erarbeitet diese Ergebnisse in einen Text oder eine Strukturskizze um, die man per Kopie den anderen Gruppen zugänglich macht. Dieses Verfahren erspart sehr viel Zeit. Auf dieser Grundlage kann dann in der zweiten Stunde weitergearbeitet werden.

Unterrichtsschritt 4:

Diese Stunde beschäftigt sich mit der Abgrenzung zwischen der Kurzgeschichte und der Reportage. Um eine geeignete Vergleichsgrundlage zu besitzen, müssen die Wesensmerkmale der Reportage, wenn sie bereits als epische Kurzform behandelt sind, wiederholt werden. Dafür kann man als zusätzliche Orientierungshilfe auch einen Stichwortartikel aus einem entsprechenden Sachwörterbuch benutzen. Im anderen Fall müssen die Wesensmerkmale der Reportage mit einem textanalytischen Verfahren exemplarisch an einem oder mehreren Texten erarbeitet werden.

Je nach ihrem Vermittlungsträger unterscheidet man zwischen Zeitungs-, Rundfunk- und Fernsehreportagen, wobei man die literarische Reportage (z.B. E. E. Kisch: Marktplatz der Sensationen, rororo 522; Günter Wallraff: Industriereportagen, rororo 6723) als künstlicheres Genre ergänzen kann.

Während es sich bei den meisten Reportagen um gestaltete Reportagen handelt, gehört die Sportreportage als Sonderform zu den sog. direkten Reportagen. Der wesentliche Unterschied zwischen beiden liegt im Zeitpunkt der Sendung. Während bei der direkten Reportage (die „live" gesendet wird) Aufnahme und Sendung gleichzeitig ablaufen, besitzt der Reporter bei der gestaltenden Reportage die Möglichkeit, die Aufnahme für eine spätere Sendung umzuformen, demnach also zu gestalten.

Um den Schülern diesen Unterschied deutlich zu machen, nimmt man eine Rundfunkdirektübertragung von einem Fußballspiel und einen Fernsehbericht, der ein Fußballspiel in einer gestaltenden Form in einen Kurzbericht zusammenfaßt. Die Schüler werden nun dazu aufgefordert, in Partnerarbeit die Unterschiede zwischen beiden Reportagen herauszuarbeiten, die dann unter Angabe der Vergleichskriterien in einer Tabelle festgehalten werden. Dieser Unterrichtsschritt kann auch in Gruppenarbeit durchgeführt werden. Die Arbeitsanweisungen für die arbeitsgleich arbeitenden Gruppen lauten:

Vergleicht diese Texte miteinander und legt unter Angabe der Vergleichskriterien die Unterschiede in einer Tabelle an! Welche gemeinsamen Merkmale stellt ihr fest?

Abschließend sollten die gemeinsamen Merkmale für eine Definition der Reportage genutzt werden. Diese kann dann mit einer Definition aus einem Sachwörterbuch verglichen bzw. durch sie ergänzt werden.
Beispiele:

Gero von Wilpert, Sachwörterbuch der Literatur, 5. Auflage, Stuttgart 1969, S. 636
„Reportage: Berichterstattung für Zeitung und Rundfunk als journalistische Gebrauchsform gekennzeichnet durch Nähe zum objektiven und dokumentarischen nachprüfbaren Wirklichkeit und leidenschaftslos sachliche Schilderung des Details ohne einseitige Tendenz, allenfalls aus der Perspektive des Berichters, als tagesgebundene Sachdarstellung rasch vergessen und nur in seltenen Fällen von größerem literarischem Wert."

Schülerduden: Die Literatur, Mannheim 1980, S. 346
„Reportage (franz.: reportage): Berichterstattung, ein aus der unmittelbaren Situation gewachsener, die Atmosphäre einbeziehender meist kurzer sachlicher Augenzeugenbe-

richt. Die Reportage als literarische Gebrauchsform setzt – nach einigen Vorläufern
– erst gegen Ende des 19. Jahrhunderts mit
der Entstehung des modernen Journalismus
ein."

Einen Höhepunkt bedeuten die literarisch
anspruchsvollen Reportagen von E. E. Kisch
(auch neue Sachlichkeit), die sich allerdings
dem Feuilleton annähern. Heute umfaßt die
Reportage alle Gebiete des öffentlichen Lebens und nimmt in den Massenmedien einen
breiten Raum ein. Während bei den Reportagen in Tagespresse und Hörfunk der Text
ganz im Vordergrund steht, ergänzen sich in
den Illustrierten und besonders im Film und
im Fernsehen Text und Bild, wobei der Text
oft das Bild kommentiert."

Unterrichtsschritt 5:

In dem letzten Unterrichtsschritt der Stunde
wird auf der Grundlage der Merkmale von
Reportage und Kurzgeschichte die Einord-
nung des Textes am Band vorgenommen.
Dazu stellt man folgende Leitfragen:
Ihr kennt die Wesensmerkmale von Repor-
tage und Kurzgeschichte, welche dieser
Merkmale weist der Text „Am Band" auf?
Wie würdet ihr den Text einordnen?

Diese Leitfragen können sowohl in einer fra-
gend-entwickelten Form als auch in einem
themengleichen Gruppenunterricht verwendet werden. Als Orientierungshilfe zur Beantwortung der Fragen können folgende Gesichtspunkte vorgegeben werden: Thematik,
Struktur, Sprachgestalt, Verfasserintention,
Wirklichkeitsnähe, Dokumentarcharakter,
Erzählperspektive.

Varianten:

Für eine Erarbeitung des Textes auf mehr in-
haltlicher Ebene ergeben sich für einen
Gruppenunterricht folgende Arbeitsanweisungen:

1. Warum kommt es zum Konflikt mit der
   Werksleitung?
   Nennt die eigentlichen und die vorgegebenen Motive!
2. Welche beiden Welten werden im Konflikt mit der Werksleitung einander gegenübergestellt?
   Beschreibe ihre Merkmale!
3. Welches ist die Aussageabsicht des Autors? Begründet eure Aussagen!

4. Stunde:
Bertolt Brecht
„Die unwürdige Greisin"

Analyseschwerpunkte:

Kalendergeschichte und Kurzgeschichte, Erzählperspektive, Einmischung des Erzählers.

Vorüberlegungen:

Hans Bender bezeichnet die Kurzgeschichte
als „säkularisierte Kalendergeschichte unserer Epoche". Da Brecht mit seinen Kalendergeschichten an Johann Peter Hebel und
Jeremias Gotthelf (Schwimmer 1971, S. 12)
anknüpft, eignet sich der Text zur Herausarbeitung von Gemeinsamkeiten und Unterschieden zwischen beiden Erzählformen. Um
eine breitere Vergleichsgrundlage zu schaffen, können auch zwei Schülerreferate über
die Kalendergeschichten Hebels und Got-
thelfs in Auftrag gegeben werden. Die dazu
erforderliche Primär- und Sekundärliteratur
müßte den Schülern vom Fachlehrer zur Verfügung gestellt werden.

Lernziele:

Im Zusammenhang mit dem Hinweis auf die
literarische Tradition der Kalendergeschichte sollen in dieser Stunde folgende
Lernziele angestrebt werden:

– die Schüler sollen den Tod des Mannes als Wendepunkt im Leben der Greisin begreifen,
– die beiden unterschiedlichen Lebensabschnitte der Greisin anhand des Textes beschreiben können,
– die Aussageabsicht Brechts erkennen,
– zwischen Bericht und Stellungnahme des Erzählers unterscheiden können,
– die Merkmale der Kalendergeschichte kennen,
– zwischen Kalendergeschichte und Kurzgeschichte unterscheiden können,
– den Text als eine Kalendergeschichte einordnen können.

Textdarstellung:

Die vom Enkel der Hauptfigur berichtete Geschichte beginnt mit einer nüchtern-sachlichen Feststellung. Ausgangssituation ist der Tod des Großvaters, der dem Leben der 72jährigen Großmutter eine entscheidende Wende gibt.

Der Tod des Großvaters trennt zwei völlig gegensätzliche Leben der Greisin voneinander, die mit Hilfe entsprechender Vergleichskriterien von den Schülern schnell erkannt werden. Der bis zum Tode ihres Mannes reichende erste Lebensabschnitt der Greisin war bestimmt durch Ehe und Familie. Dieses etwa sechs Jahrzehnte dauernde „würdige" Leben hatte für sie Arbeit und Entbehrung als Tochter, Frau und Mutter gebracht.

Dem durch Pflichten geprägten „Leben in Knechtschaft" steht der von den Kindern als „unwürdig" empfundene zweite Lebensabschnitt entgegen. Er dauert ganze zwei Jahre. In dieser kurzen Zeit genießt die Greisin als eine „alleinstehende aber keineswegs vereinsamte Person" ihr Leben. Sie lebt ohne Verpflichtungen, erfüllt sich, soweit das für sie möglich ist, ihre Wünsche und geht ihren Neigungen nach. Sie nimmt keine Rücksicht

auf das Gerede der Leute und die Vorwürfe ihrer Kinder, sondern tut das, was ihr gefällt. Sie tut nicht das, was die gesellschaftliche Norm von ihr fordert, sondern was sie selbst tun will.

Die Änderung ihrer Lebensgewohnheiten löst unterschiedliche Reaktionen aus. Ihre Kinder sind über die Entwicklung hell entsetzt, besonders der Onkel des Erzählers. Aber die Greisin läßt sich nicht beirren; sie hat, wie es im Text heißt, mit ihrem „Familienleben" abgeschlossen und geht ihren eigenen Weg, leistet sich sozusagen eine späte Selbstverwirklichung.

Der Erzähler, der für uns diesen Individuationsprozeß schildert, berichtet dabei nicht aus eigener Anschauung, sondern zieht zwei Quellen heran:
1. die Briefe des Onkels an seinen Vater
2. die persönlichen Erfahrungen seines Vaters, die dieser ihm mitteilt.

Dieser Akt der Selbstverwirklichung fordert die Umwelt der Greisin (Erzähler, Vater des Erzählers, Onkel des Erzählers, die Leute) zu Kommentaren und Wertungen heraus. In diesem Zusammenhang muß dem Schüler der Wirkungszusammenhang zwischen Interessenlage und Wertung verdeutlicht werden. Er muß erkennen, daß die Motive und die einer Wertung zugrundeliegenden Wertmaßstäbe oder Normen von der jeweiligen Interessenlage des Wertenden abhängen. Der Erzähler nimmt selbst Stellung zum Verhalten der Großmutter und ihrer Kinder. Die Art, wie er das Verhalten der Großmutter darstellt und die Reaktionen der Kinder wiedergibt, sind zusammen mit seinem Urteil Ausdruck seiner Parteinahme für die Greisin, an deren Verhalten er nichts „Unwürdiges" finden kann.

Zur Erarbeitung dieses Zusammenhangs können folgende Fragen zusätzlich in die Verlaufsplanung der Stunde aufgenommen werden:

Wer erzählt die Geschichte? – Woher bezieht der Erzähler seine Information, und wie gibt er sie wieder? – An welcher Stelle nennt er seine Quellen? – Wie und durch wen wird das Verhalten der Greisin beurteilt? – Warum wird es so beurteilt? – Welche Interessen stehen dahinter? Wie steht der Erzähler zu der Greisin?

Stundenverlauf:

Unterrichtsschritt 1:

Wenn Schülerreferate in Auftrag gegeben wurden, sollen diese vom Lehrer zu Beginn der Stunde kurz angekündigt und dann begrenzt auf eine Zeit von insgesamt 20 Minuten (je Referat 10 Minuten) vorgetragen werden. Dabei sollen die wichtigsten Aspekte der Referate allen Schülern auf einem Papier zugänglich gemacht werden. Nach den Referatvorträgen ist den Schülern Gelegenheit zu Rückfragen gegeben. Da die Lektüre des Textes als vorbereitende Hausaufgabe zu leisten war, fahren wir fort mit der Inhaltssicherung in Form einer kurzen Inhaltsangabe.

Unterrichtsschritt 2:

In diesem Unterrichtsschritt werden folgende Sachverhalte herausgestellt:
1. der Tod des Mannes als Wendepunkt im Leben der Greisin;
2. der Vergleich der beiden Leben (würdiges Leben – unwürdiges Leben) unter dem Gesichtspunkt der Dauer und der Merkmale;
3. die Schlußfolgerung – Bewertung dieser beiden gegensätzlichen Leben durch den Leser, den Erzähler und die Kinder der Greisin.

Die Leitfragen und Arbeitsanweisungen für die Erarbeitung des Zusammenhanges lauten:

– In welche und wie viele Abschnitte läßt sich das Leben der Greisin unterteilen?
– Beschreibe die Dauer und Merkmale dieser Lebensabschnitte, und bewerte sie!

Unterrichtsschritt 3:

In diesem Unterrichtsschritt wird auf die Aussageintention des Textes eingegangen. Dabei soll die lehrhafte Absicht erkannt werden, die durch drei Sachverhalte zum Ausdruck gebracht wird:
– die Undankbarkeit der Kinder,
– die Kritik des Erzählers an der Selbstsucht der Urteilenden,
– die Tatsache, daß nicht die Greisin unwürdig ist, sondern diejenigen, die sie als solche bezeichnen.

Weitere Leitfragen zum Verhalten und den Motiven der Kinder:
Welche Verhaltensweisen machen die Greisin im Urteil ihrer Kinder unwürdig?
Welche Motive stecken hinter den Verhaltensweisen der Kinder?

Unterrichtsschritt 4:

Zum Abschluß der Stunde wird versucht, den Text auf seine gattungstypologischen Merkmale hin zu untersuchen und einzuordnen. Für den Fall, daß kein Schülerreferat gehalten oder eine Kalendergeschichte von Hebel zum Vergleich herangezogen wird, nehmen wir aus einem Sachwörterbuch eine Definition der Kalendergeschichte. Zum Beispiel aus Schülerduden „Die Literatur" *Kalendergeschichte:* Kurze volkstümliche Erzählung, oft unterhaltend und stets auf Belehrung ausgerichtet. Sie vereinigt mit wechselnder Gewichtung Elemente aus Anekdote, Schwank und Legende, Sage, Tatsachenberichten und Satire. Sie entstand im Zusammenhang mit der Entwicklung des gedruckten Kalenders und der Lesebedürfnisse seines Publikums im 16. Jahrhundert und wird seither auch als eigenständige Gattung künstlerischer Erzählprosa anerkannt. Bis ins 19. Jahrhundert blieb sie an die Publikationsform des Kalenders gebunden. Bedeutende Verfasser von Kalendergeschichten in diesem Rahmen waren: J. J. Ch. von Grimmelshausen und Johann Peter Hebel.

Die erfolgreichsten Kalendergeschichten wurden schon im 19. Jahrhundert aus den Kalendern herausgelöst und in besonderen Sammelbänden publiziert (J. P. Hebel „Schatzkästlein des rheinischen Hausfreundes, 1811"). Im 20. Jahrhundert hat sich die Kalendergeschichte vielfach ganz von der Bindung an den Kalender befreit und tritt als selbständige Kunstform auf (z. B. Bertolt Brecht, Kalendergeschichten, 1949).

Da die Schüler nun die Wesensmerkmale der Kurzgeschichte und Kalendergeschichte kennen, können sie den Text von Brecht entsprechend einordnen. Als Vergleichskriterien wählen wir dafür die Thematik, Struktur, Sprachgestalt, Verfasserintention und Zeitdarstellung. Für eine Einordnung des Textes als Kalendergeschichte und gegen eine Einordnung als Kurzgeschichte sprechen z. B.: die wertende und belehrende Einmischung eines Erzählers, die abgerundete Struktur, der fehlende offene Schluß, die fehlende Schlußpointe. Der dargestellte Zeitraum (erzählte Zeit) ist für eine Kurzgeschichte zu lang. Wenn die Abgrenzung zwischen Kalendergeschichte und Kurzgeschichte auf der Grundlage von Schülerreferaten oder aber durch die Bearbeitung einer Kalendergeschichte vorgenommen werden soll, sind für die Behandlung dieses Zusammenhangs zwei Stunden notwendig.

Varianten:

Arbeitsanweisungen für einen arbeitsteiligen Gruppenunterricht:
1. Aus welcher Perspektive wird die Geschichte erzählt?

Welche Bedeutung hat der Tod des Mannes im Leben der Greisin?
2. Vergleiche anhand selbstgewählter Gesichtspunkte die beiden Lebensabschnitte der Greisin miteinander!
3. Was will der Autor mit seinem Text aussagen? Wie beurteilt ihr das Verhalten der Kinder, wie das der Greisin?

5./6. Stunde:
Bertolt Brecht
„Der Augsburger Kreidekreis"

Analyseschwerpunkte:

Abgrenzung Novelle – Kurzgeschichte
Merkmale der Novelle: lebensnahe volkstümliche Prosasprache (Parteilichkeit des Erzählers, lehrhafte Absicht)

Vorüberlegungen:

Schwimmer ordnet diesen Brecht-Text unter Verwendung der Novellendefinitionen von Seidler und Wilpert als eine Novelle von geradezu klassischer Prägnanz ein. (Schwimmer, 1971, S. 54)
Von daher eignet sich dieser Text besonders für die Abgrenzung zwischen Kurzgeschichte und Novelle. Zudem besteht die Möglichkeit, auf eine bereits behandelte Novelle hinzuweisen (z. B. Keller, „Kleider machen Leute" / Eichendorff „Taugenichts", Storm „Schimmelreiter" / Droste-Hülshoff „Judenbuche" – vgl. Stundenblätterbände 924011 und 92739) und von daher die Abgrenzung zur Kurzgeschichte vorzunehmen. Darüber hinaus kann auch eine der oben angegebenen Novellen im Anschluß an die Lernsequenz Kurzgeschichte behandelt werden und dann eine Abgrenzung zwischen beiden Erzählformen vorgenommen werden. Wegen seiner Länge eignet sich der Text

nicht zum Vorlesen in der Stunde. Die Lektüre des Textes soll deshalb als vorbereitende Hausaufgabe aufgegeben werden, wobei eine Inhaltsangabe und ggf. eine Gliederung zusätzlich verlangt werden können.

Lernziele:

Die Schüler sollen
– den Inhalt des Textes kennen,
– die Ausgangssituation beschreiben können,
– erkennen, daß die beiden Frauen zwei Gesellschaftsklassen repräsentieren,
– ihre gegensätzlichen Motive beim Streit um das Kind erkennen,
– begründen können, warum es zum Prozeß kommt,
– die lebensnahe Prosasprache und ihre Merkmale erkennen,
– die Figur des Ignaz Dollinger charakterisieren und seine Prozeßführung beurteilen,
– die Ergebnislosigkeit der Beweisaufnahme und den Sinn der Kreidekreisprobe erkennen,
– das unterschiedliche Verhalten der beiden Frauen erkennen und begründen können,
– den Richterspruch deuten können,
– die Geschlossenheit der Form erkennen und als nicht kurzgeschichtenspezifisch einordnen können,
– Merkmale der Novelle an diesem Text herausarbeiten können,
– den Unterschied zwischen Novelle und Kurzgeschichte erkennen und eine Abgrenzung durchführen können,
– die Parteilichkeit des Erzählers erkennen und aus dem Text belegen können.

Textdarstellung:

Vorgeschichte und Ausgangssituation werden in den ersten beiden Textabschnitten dargestellt. Die genauen Zeit- und Ortsangaben und der „nüchtern-sachlich referierende Stil einer alten Chronik" (Schwimmer, 1971, S. 39) sollen den Wahrheitsgehalt des Textes unterstreichen. Der nun folgende Teil der Erzählung ist geprägt durch die antithetische Gegenüberstellung zweier Frauengestalten, die im Sinne einer marxistischen Dialektik „für ganz bestimmte Gesellschaftsklassen repräsentativ" sind. (Schwimmer, 1971, S. 39)

Der Gegensatz zwischen den beiden Frauen besteht nicht nur in der Zugehörigkeit zu zwei verschiedenen Gesellschaftsklassen, sondern zeigt sich vor allem – getreu der marxistischen These: Das gesellschaftliche Sein bestimmt das Bewußtsein – in den gegensätzlichen Verhaltensweisen.
Während Frau Zingli beim Heranrücken der Katholischen auf die Stadt damit beschäftigt ist, Schmuck und Kleider in Sicherheit zu bringen, darüber ihr Kind vergißt und es durch die übereilte Flucht im Stich läßt, begibt sich die Magd Anna in Lebensgefahr, um das Kind zu retten. Nachdem Anna das Kind notdürftig versorgt hat, macht sie sich „gegen 10 Uhr nachts", begleitet vom Mann ihrer Schwester, auf, um Frau Zingli über das Schicksal ihres Mannes und des Kindes zu berichten. Diese läßt sich jedoch verleugnen. An dieser wie auch an anderen Stellen mischt sich der Erzähler kommentierend ein („Sie schämte sich anscheinend nicht, ihr Kind zu verleugnen.").
Nach diesem Vorfall kehrt Anna in die Gerberei zurück und holt das Kind, „sich scheu umschauend, wie eine Person mit schlechtem Gewissen, eine Diebin".

In den folgenden Abschnitten wird beschrieben, wie Anna das Kind unter vielen Entbehrungen und persönlichen Opfern aufzieht. Zwei Ereignisse verdeutlichen das. Zunächst findet sie Aufnahme auf dem Hof ihres Bruders.
Um den moralischen Anschauungen ihrer

Schwägerin Genüge zu leisten, gibt sie das Kind als ihr eigenes aus. Diese Notlüge bringt sie jedoch bald in einen Konflikt, und sie willigt aus Sorge um das Kind in eine Heirat ein, von der es heißt: „Das Geschäft war in 10 Minuten ausgehandelt." Die Ereignisse nehmen jedoch eine unvorhergesehene Wendung. Ihr Mann, den sie als todkranken Häusler ehelichte, gesundet wieder und läßt ihr, nachdem ihr Bruder ihr diese „üble Nachricht" überbracht hat, durch einen Hausierer ausrichten, daß er sie treffen wolle. Dem Gespräch, in dem ihr Mann auf das „Sakrament der Ehe" pocht und die Einhaltung der Ehe fordert, geht die Feststellung voraus „Der Mann gefiel Anna nicht." Sein Verhalten bei der zweiten Begegnung dem Kind gegenüber nimmt Anna „noch mehr gegen ihn ein".

Als Anna danach mehrere Wochen im Fieber liegt, holt ihr Mann sie und das Kind ab. Von ihrer Krankheit erholt, versucht sie wenige Tage später mit dem Kind zu flüchten. Dieser Fluchtversuch scheitert jedoch, und „ihr Mann holt(e) sie wieder nach Mehring". Das Ende dieses ersten großen Erzählabschnittes klingt fast versöhnlich. „Mit der Zeit wurde sie ganz zufrieden gestimmt und erlebte viel Freude bei der Erziehung der Kleinen. So vergingen mehrere Jahre."

Der zweite große Abschnitt der Geschichte enthält den Streit um das Kind mit dem Prozeß von Ignaz Dollinger und der Kreidekreis-Probe. Auslösende Ursache dafür ist die Wegnahme des Kindes durch Frau Zingli zu einem für Anna völlig überraschenden Zeitpunkt. Die „Rechtssache" wird an Richter Ignaz Dollinger verwiesen, dem die sichtliche Sympathie des Erzählers gehörte. Der Richter wird kurz als „ein ganz besonderer", „in ganz Schwaben wegen seiner Grobheit und Gelehrsamkeit" berühmter Mann bezeichnet. Diese Eigenschaften kommen bei der Voruntersuchung und während des Prozesses auch entsprechend zum Ausdruck. In diesem Prozeß, in deren Verlauf die Par-

teilichkeit von Erzähler und Richter Dollinger offenkundig ist, soll festgestellt werden, „wer die rechte Mutter des Kindes ist".

Nachdem die Beweisaufnahme, in der Frau Zingli Anna durch eine falsche Aussage belastet und beschuldigt, durch widersprüchliche, nicht nachprüfbare Aussagen ergebnislos bleibt, zeigt Ignaz Dollinger „alle Anzeichen der Ratlosigkeit, denn es ist nicht festgestellt worden, wer die rechte Mutter ist". Dieses soll die Kreidekreis-Probe erbringen, die als Höhe- und Wendepunkt die Geschichte mit einer überraschenden Pointe abschließt. Dollinger erläutert diese Probe: „Der einfache Grundgedanke der Probe mit dem Kreidekreis ist, daß die echte Mutter an ihrer Liebe zum Kind erkannt wird. Also muß die Stärke dieser Liebe erprobt werden."

Die bei der Kreidekreis-Probe gezeigten gegensätzlichen Verhaltensweisen der beiden Frauen werden durch zwei Motive bestimmt. Frau Zingli, die das Kind „mit einem einzigen Ruck" an sich reißt, will dadurch ihren Besitzanspruch auf die Gerberei erhalten, Anna dagegen hat, „aus Furcht, es könne Schaden erleiden", also aus Liebe zu dem Kind, „sogleich losgelassen". Damit ist entschieden, „wer die rechte Mutter ist". Dem Schüler muß auffallen, daß immer nur von der rechten Mutter die Rede ist, nicht aber von der rechtmäßigen, gesetzlichen Mutter.

Deshalb sollte der Unterschied zwischen diesen beiden Begriffen auch mit den Schülern erarbeitet werden. Aus dem Kontext muß erkannt werden, daß eine juristische Klärung der Rechtslage aufgrund der gegebenen Umstände nicht erfolgen kann. Die Frage, wer die echte und wer die falsche Mutter ist, kann wegen der widersprüchlichen Zeugenaussagen juristisch nicht geklärt werden. Bei seiner Entscheidung, die er zu treffen hat, geht Dollinger deshalb davon aus, die für das Kind beste Mutter – die rechte Mutter – zu finden. Die Kreidekreis-Probe dient also nicht der Rechtsfindung, sondern der Rechtsprechung, die eine Entscheidung zum Wohle des Kindes herbeiführen will, wobei die Liebe zum Kind alleiniges Kriterium wird.

Ein weiterer Betrachtungsaspekt, auf den man eingehen sollte, ist die Parteilichkeit des Erzählers und seine direkte Wertung des Geschehens.
Ein Beispiel für die direkte Wertung finden wir in der beschriebenen Charakterisierung Dollingers durch den Autor (berichtende Erzählweise). „Ihre Rechtssache wurden an einen Richter verwiesen, der ein ganz besonderer Mann war."
Es war dies der Richter Ignaz Dollinger, in ganz Schwaben berühmt wegen seiner Grobheit und Gelehrsamkeit, vom Kurfürsten von Bayern, mit dem er einen Rechtsstreit der freien Reichsstadt ausgetragen hatte, „dieser lateinische Mistbauer" getauft, vom niederen Volk aber in einer langen Moritat löblich besungen."
Die negative „Charakterisierung" durch den Kurfürsten kann nur als eine unberechtigte Beschimpfung angesehen werden. Sie wirkt dadurch wie eine Anerkennung und Auszeichnung. Eine weitere direkte Wertung finden wir, wenn es über Frau Zingli heißt: „Sie kam vorgerauscht und schilderte, ab und zu ein Sacktüchlein an die Augen lüftend, wie bei der Plünderung…" Ähnliche Beispiele für die Parteilichkeit des Erzählers finden sich noch in großer Zahl.

Stundenverlauf:

Unterrichtsschritt 1:

Der erste Unterrichtsschritt dient der Inhaltssicherung und der Interpretation. Zunächst sollen evtl. notwendige Sacherklärungen erfolgen. Nach dem Herausarbeiten der Ausgangssituation lenkt der Lehrer die Aufmerksamkeit der Schüler auf die beiden Frauen und beginnt mit einer vergleichenden

Charakterisierung, wobei insbesondere das Verhalten der beiden Frauen als Repräsentanten unterschiedlicher Gesellschaftsschichten betrachtet wird. Im Anschluß daran werden der Streit um das Kind und die gegensätzlichen Motive der beiden Frauen bei dem Streit um das Kind aus dem Text belegt und bewertet. Dazu dient folgende Leitfrage:
Warum streiten sich die beiden Frauen um das Kind?
Nenne und erläutere ihre Motive!

Unterrichtsschritt 2:

Im Anschluß daran wird der Prozeß behandelt, wobei man vor allem auf zwei Sachverhalte eingehen muß:
1. die Charakterisierung des Richters Ignaz Dollinger,
2. die Deutung der Kreidekreis-Probe und des Richterspruchs.

Als Leitfragen zur Erarbeitung dieses Sachverhalts lassen sich formulieren:
Welche Aussagen werden über die Person des Richters Ignaz Dollinger in dem Text gemacht?
Charakterisiere den Richter Ignaz Dollinger!
Beschreibe die Kreidekreis-Probe und erkläre, warum der Richter diese Probe durchführen läßt und wie er die Durchführung der Probe begründet!
Was meint Dollinger mit seinem Ausspruch: „Und somit wissen wir, wer die *rechte* Mutter ist"?
Wie deutest du die Tatsache, daß der Richter der Frau aus Mehring, der das Kind zugesprochen wurde, „mit den Augen gezwinkert habe"?

Unterrichtsschritt 3:

In diesem Unterrichtsschritt wenden wir uns der Betrachtung der Struktur und der Sprachgestalt des Textes zu. Bei der Betrachtung der Struktur fallen

1. der strenge geschlossene Aufbau und
2. die straff durchgeführte Handlung, die auf ein Ziel hinführt, auf.

Damit weist der Text von der Struktur her Merkmale der Novelle auf. Als Leitfrage zur Abgrenzung zwischen Novelle und Kurzgeschichte unter dem Gesichtspunkt der Struktur läßt sich formulieren:
Warum kann der Text (von der Struktur her) keine Kurzgeschichte sein? oder
Wodurch unterscheidet sich dieser Text in seiner Struktur von einer Kurzgeschichte?

Bei der Betrachtung der Sprachgestalt werden die Volkstümlichkeit der Sprache und ihre Stilisierungsmittel anhand von Textbeispielen untersucht. Die Schüler müssen die Volkstümlichkeit unter drei Aspekten erkennen und mit entsprechenden Beispielen belegen:
1. *an grammatischen Eigenheiten*, z.B. in dem Dorfe, wo die Verwandten von dem
2. *an der Wortwahl*, z.B. Bankert, Schlampe, Knirps, Schufte
3. *an volkstümlichen Redewendungen*, z.B. alles kurz und klein schlagen, reinen Wein einschenken, Blut sei dicker als Wasser, wie gedruckt lügen, auf den Kopf gefallen sein.

Als Stilisierungsmittel fällt die häufige Verwendung des im Deutschen ungebräuchlichen Partizip Präsens auf. Dieses Stilmittel besitzt bei Brecht zwei Funktionen:
zum einen bewirkt es durch seine stilistische Abnormität einen Verfremdungseffekt, der dem Alltagsgeschehen „den Stempel des Auffallenden, des der Erklärung Bedürftigen, nicht Selbstverständlichen, nicht einfach Natürlichen" (Brecht, Schriften zum Theater, 1957, S.99) verleiht und damit dem gewöhnlich Unbedeutsamen zu größerer Bedeutsamkeit verhilft.
Zum anderen wird durch die Verwendung des Partizip Präsens die unmittelbare Gegenwärtigkeit des Geschehens verdeutlicht, weil das Partizip Präsens die Gleichzeitigkeit eines Geschehens zum Ausdruck bringt.

Als Leitfragen zur Erarbeitung der Sprachgestalt und zur Feststellung der Stilisierungsmittel lassen sich formulieren:
Welche sprachlichen Besonderheiten bemerken wir an diesem Text
a) unter grammatischen Gesichtspunkten,
b) unter dem Gesichtspunkt der Wortwahl,
c) unter dem Gesichtspunkt bekannter Redewendungen?
Was möchte Brecht durch die Verwendung dieser Besonderheiten zum Ausdruck bringen?
Was möchte Brecht durch die grammatisch ungebräuchliche Verwendung des Partizip Präsens zum Ausdruck bringen?
Welche zeitliche Aussage wird durch die Verwendung des Partizip Präsens gemacht?

Unterrichtsschritt 4:

Zum Abschluß der Stunde wird die Einordnung des Textes in eine Textgattung vorgenommen. Dazu werden kurz die Wesensmerkmale der Kurzgeschichte wiederholt und überprüft, ob diese Merkmale auf den Text von Brecht zutreffen oder nicht. Als wesentliche Unterscheidung zur Kurzgeschichte stellen die Schüler die Geschlossenheit der Form fest, d.h. der Text besitzt eine Einleitung, die unter Angabe von Zeit, Ort und Darstellung der Ausgangssituation zum Konflikt hinführt. Das Prinzip der Steigerung ist vorwiegend im Hauptteil angewandt, an dessen Ende der Erzählhöhepunkt, der gleichzeitig Wendepunkt ist, plaziert ist. Der letzte Abschnitt bildet den Schluß, der die Spannung ausklingen läßt. Durch diesen letzten Abschnitt wirkt der Text nicht offen, wie bei einer Kurzgeschichte, sondern geschlossen, d.h. das Geschehen wird zu einem Abschluß gebracht. Die Geschichte wird zu Ende erzählt.

Ein weiterer Gesichtspunkt für die Einordnung kann die erzählte Zeit sein. Für eine Kurzgeschichte, die ja nur einen kurzen Ausschnitt aus dem Leben eines Alltagsmenschen zur Darstellung bringt, ist der erzählte Zeitraum, in der sich das Geschehen abspielt, zu lang, so daß man eher von einer Episode sprechen kann.

Auch unter dem Gesichtspunkt der Anzahl der Personen lassen sich bei diesem Text entsprechende Unterschiede zur Kurzgeschichte feststellen, denn in der Kurzgeschichte ist die Anzahl der handelnden Personen meist sehr gering, lediglich bei der Betrachtung der Sprachgestalt lassen sich Gemeinsamkeiten zwischen Kurzgeschichte und Novelle feststellen.

Varianten und Ergänzungen:

Um Unterschiede in der Sprachgestalt festzustellen, bietet sich ein Textvergleich mit Heinrich von Kleists „Erdbeben in Chile" an. Im Anschluß an die letzte Stunde kann auch eine Lernsequenz über die Novelle durchgeführt werden. Die in den einzelnen Unterrichtsschritten formulierten Leitfragen können auch in einen themengleichen/arbeitsteiligen Gruppenunterricht integriert werden. Wenn man diesen Brecht-Text in Gruppenunterrichtsform auf einer vorwiegend inhaltssichernden Ebene interpretieren will, so bieten sich dafür folgende Fragen und Arbeitsanweisungen an, für deren Beantwortung man allerdings eine Doppelstunde aufwenden sollte.

1. Stunde

1. Entwerft eine Gliederung des Textes!
2. Beschreibt und vergleicht das Verhalten der beiden Frauen bei der Besetzung der Stadt!
3. Erläutert, warum es zu einem Streit um das Kind kommt!

2. Stunde:

1. Charakterisiere den Richter Ignaz Dollinger!
   Wem gehört offenkundig seine Sympathie?
   Belege das aus dem Text!
2. Beschreibe und erläutere in groben Zügen den Prozeßverlauf bis zur Kreidekreis-Probe!
   Warum ist die Kreidekreis-Probe notwendig? (Was ergibt die Beweisaufnahme zur Lösung des Falles?)
3. Beschreibe und erläutere den Grundgedanken und den Verlauf der Kreidekreis-Probe!
   Deute den Schluß des Textes!
   Berücksichtige dazu die beiden letzten Abschnitte!

Schlußphase:

Lernsequenz 5:
Überblick – Exkurs zur Typologie der Kurzgeschichte

1. Stunde:
Zur Problematik einer Begriffsbestimmung der Kurzgeschichte (ohne Stundenblatt)

Vorüberlegungen und Stundenverlauf:

Diese Stunde der Lernsequenz verfolgt zwei Ziele. Um eine geeignete Ausgangslage zu schaffen, sollte zunächst einmal eine knappe wiederholende Bestandsaufnahme des bisher Erarbeiteten vollzogen werden, wobei die Ergebnisse der einzelnen Stunden dann in einem kritischen Überblick zu einem Gesamtergebnis zusammengefaßt werden sollen. Dabei muß die Problematik einer Begriffsbestimmung der Kurzgeschichte erkannt und erörtert werden. Die Schüler sollten dabei erkennen, daß die in der 7. Stunde (Lernsequenz 1) erstellte Begriffsdefinition einer Revision und Modifizierung bedarf, diese Modifizierung jedoch immer von dem untersuchten Textbestand abhängig ist. Die für diese Stunde geeigneten Lehrformen sind das freie Unterrichtsgespräch und der arbeitsteilige Gruppenunterricht, wobei auch eine Kombination von beiden möglich ist. Des weiteren ergibt sich die Möglichkeit, verschiedene Lernzielstufen bzw. Lernzielbereiche zu verwirklichen:

1. die Reproduktion als reine Wiedergabe des Gelernten;
2. die Reorganisation als „eigene Verarbeitung und Anordnung des Stoffes" (Bildungsrat 1971, S. 79);
3. der Transfer als Übertragung von „Grundprinzipien des Gelernten auf neue, ähnliche Aufgaben" (Bildungsrat 1971, S. 80);
4. das problemlösende und entdeckende Denkverfahren, wobei kritische Reflexion und Kreativität neue Fragen aufwerfen, die beantwortet werden müssen.

Inwieweit diese Lernzielstufen von den einzelnen Schülern erreichbar sind, ist eine Frage der Lernzielfindung und Leistungskontrolle, die sich nach dem altersstufengemäßen Leistungsvermögen zu richten hat.

Für diese Stunde gibt es kein Stundenblatt, kann es gar nicht geben, denn in jeder Klasse wird diese Bestandsaufnahme der vorhergegangenen Stunden verschieden ablaufen und unterschiedlich ausfallen.

Neben der Relativierung der Begriffsdefinition sollte noch auf die Problematik der normativen Poetik eingegangen werden. Dazu bedarf es zunächst einer Erläuterung des Begriffes „normative Poetik". Danach soll die Frage beantwortet werden, welche Gefahr kann durch eine normative Poetik für die Literatur und speziell für einige Literaturgattungen bzw. Textgattungen entstehen? Die Schüler sollen dabei auf den Gegensatz zwischen den Forderungen einer normativen Poetik und dem Anspruch nach künstlerischer Kreativität und Freiheit eingehen.

Lernziele:

Der Schüler soll
– die Wesensmerkmale der Kurzgeschichte kennen und sie gegen andere epische Kurzformen abgrenzen können,

- den Begriff der normativen Poetik kennen und erläutern können,
- die Gefahr einer normativen Poetik für die Literatur erkennen und beschreiben können,
- erkennen, daß die Begriffsbestimmung der Kurzgeschichte von einem untersuchten Textbestand abhängig ist,
- wissen, daß die Begriffsbestimmung der Kurzgeschichte mit ihrer Entwicklung modifiziert und differenziert werden muß (es gibt nicht die Kurzgeschichte, es gibt nur Kurzgeschichten).

Varianten:

Zum Abschluß der Unterrichtssequenz über die Kurzgeschichte besteht die Möglichkeit, die Schüler anzuregen, selbst eine Kurzgeschichte zu verfassen, wobei man auch so vorgehen kann, daß man den Schülern einen Erzählkern oder eine Situation vorgeben kann. Zu diesem Zweck gründet man am besten eine Arbeitsgemeinschaft, wobei die Kurzgeschichten für die Schülerzeitung geschrieben werden können oder eine Sammlung selbstverfaßter Kurzgeschichten von dieser Arbeitsgruppe dann herausgegeben werden kann.

2. Stunde
Exkurs: Möglichkeiten einer Typologie der Kurzgeschichte

Vorüberlegungen:

Der Exkurs soll die Möglichkeit bieten, im Rahmen einer Typologie der Kurzgeschichte zumindest zwei verschiedene Typen der Kurzgeschichte anhand von Textbeispielen miteinander zu vergleichen: die Augenblickskurzgeschichte und die Überdrehungs- und Überblendungskurzgeschichte.

Darüber hinaus besteht die Möglichkeit, durch eine entsprechende Textauswertung aus Reclams Arbeitstexten „Theorie der Kurzgeschichte" weitere Typologisierungsmodelle vorzustellen.

Lernziele:

Der Schüler soll
- erkennen, daß man eine Typologie der Kurzgeschichte vornehmen kann,
- die Augenblickskurzgeschichte und die Überdrehungs- oder Überblendungskurzgeschichte als Typen von Kurzgeschichte erkennen,
- die typischen Merkmale der Augenblicks- und Überdrehungs- bzw. Überblendungskurzgeschichte kennen und an zwei Texten nachweisen können,
- wissen, daß es noch andere Typologisierungsversuche unter verschiedenen Gesichtspunkten gibt.

Textdarstellung und Stundenverlauf:

Als Textgrundlage zur Erarbeitung bzw. der Einordnung von Kurzgeschichten in eine mögliche Typologie der Kurzgeschichte wählen wir folgende Texte:
1. Herbert Eisenreich: „Der Weg hinaus" als Augenblickskurzgeschichte
2. Wolfgang Borchert: „An diesem Dienstag" als Überdrehungs- und Überblendungskurzgeschichte

Beide Texte sind in ihrer Art typische Vertreter für zwei Möglichkeiten, die man nach dem exemplarischen Prinzip behandeln kann.

Unterrichtsschritt 1:

Einen der zur exemplarischen typologischen Einordnung erforderlichen Texte kennen die Schüler bereits, so daß man auf die Arbeitsergebnisse der Textbehandlung zurückgreifen kann (vgl. dazu Lernsequenz 3). Das entscheidende Merkmal der Augenblickskurzgeschichte liegt darin, daß der Erzählvorgang auf die Darstellung eines Augenblicks konzentriert ist. Nun kann man so vorgehen, daß man das Merkmal der Augenblickskurzgeschichte vorgibt und die Leitfragen stellt, inwiefern ist in der Kurzgeschichte „Der Weg hinaus" von Herbert Eisenreich die Darstellung des Erzählvorganges auf einen Augenblick konzentriert. Zum anderen kann man das Merkmal am Text herausarbeiten, dazu lenkt man die Aufmerksamkeit der Schüler auf die Art der Zeitdarstellung, wobei die Begriffe Erzählzeit und erzählte Zeit noch einmal wiederholt werden. Dann sollte die Leitfrage gestellt werden: In welchem Verhältnis stehen Erzählzeit und erzählte Zeit zueinander? Welche Art der Zeitdarstellung wird hier verwendet?

Nachdem die Schüler erkannt haben, daß die erzählte Zeit nur wenige Augenblicke (der Gang vom Spielfeld in die Kabine) ausmacht, können sie von daher den Text als Augenblickskurzgeschichte einordnen.

Unterrichtsschritt 2:

Im zweiten Unterrichtsschritt wird nun übergeleitet zu dem Text von Wolfgang Borchert „An diesem Dienstag", dessen Lektüre als vorbereitende Hausaufgabe zu leisten war. Man fordert die Schüler auf, den Text, der von seiner Intention her eine Anklage gegen den Krieg darstellt, unter einem selbst gewählten Gesichtspunkt zu gliedern. Die Schüler erkennen an der neunmaligen Wiederholung der Formulierung „An diesem Dienstag" die Strukturierung des Textes in neun Szenen, denen eine dreizeilige Präambel, die die Beziehung zum Krieg herstellt, vorangesetzt ist. Auffällig ist bei diesem Text die angewandte Montagetechnik. Sie ergibt sich daraus, daß verschiedene Augenblicke, Augenblickssituationen scheinbar isoliert als Geschehnisse an diesem Dienstag aneinandergereiht sind. Den Schülern wird deutlich, daß diese Augenblickssituationen nicht zufällig und beziehungslos nebeneinanderstehen, sondern daß die Kompositionstechnik des Textes eine antithetische Struktur aufweist. Zwei Geschehensebenen werden miteinander gekoppelt, das Geschehen in der Heimat und das Geschehen an der Front. Als zeitliches Bindeglied für die weit auseinanderliegenden Schauplätze der Handlung fungiert die Einleitung zu jeder Szene: „An diesem Dienstag". Dieser Zusammenhang wird durch folgende Leitfragen erfragt:
Welche Bedeutung hat der Ausdruck „An diesem Dienstag" in dem Text?
In welche örtlichen Bereiche läßt sich das Geschehen einteilen?

Zum Abschluß dieses Unterrichtsschrittes leitet der Lehrer über zur typologischen Einordnung. Wie bei der Einordnung des ersten Textes gibt es hier zwei Wege: einmal, indem man die Merkmale der Überblendungskurzgeschichte vorgibt und sie am Text herausarbeiten läßt. Dafür dient folgende Definition:
Die Überblendungskurzgeschichte arbeitet nach dem Kompositionsprinzip der Ineinanderblendung verschiedenartigen Geschehens, das sich von der Struktur her durch eine Montage von Versatzstücken äußert.
Die Schüler erkennen, daß die Szenen des Textes solche montierten Versatzstücke sind. Diesen Zusammenhang sollte man mit folgender Leitfrage erfragen:
Inwiefern weist der Text „An diesem Dienstag" von Wolfgang Borchert die oben genannten Merkmale der Überblendungskurzgeschichte auf?

Die zweite Möglichkeit zur Einordnung des Textes besteht darin, daß man vom Text ausgeht und dann die Merkmale der Struktur herausarbeitet. Als Anknüpfungspunkt bietet sich dabei die zu erarbeitende Gliederung, wobei die Schüler folgenden Sachverhalt erkennen: die durch die Montagetechnik bedingte Schachtelung bewirkt eine Über- bzw. Ineinanderblendung des Geschehens und von daher läßt sich der Begriff Überblendungskurzgeschichte als Typus ableiten. Als Leitfrage dient dazu:

Wie ist das Geschehen in diesem Text dargestellt? (Beachte dabei die beiden Geschehensebenen!)

Varianten:

Als Variante bietet sich hier ein arbeitsteiliger Gruppenunterricht an, wobei die Klasse in vier Gruppen eingeteilt wird. Zwei Gruppen bearbeiten jeweils themengleich einen der beiden Texte. Als Arbeitsanweisungen und Fragen für diesen Gruppenunterricht werden die oben formulierten Leitfragen verwendet. Nach der Gruppenarbeitsphase und der Berichtsphase der Gruppensprecher werden die Merkmale der Typologie gemeinsam erarbeitet und in einer Tafelskizze festgehalten.

Vorschläge für Lernerfolgskontrollen – Aufsatzthemen

Bei der Durchführung von Lernerfolgskontrollen bieten sich grundsätzlich zwei Arten der Themenstellung an:

1. Die geschlossene Form, die im Rahmen eines formal in Einleitung, Hauptteil und Schluß gegliederten Aufsatzes die Analyse bzw. Interpretation einer Kurzgeschichte verlangt.
2. Die differenziertere Form, die eine Kurzgeschichte unter vorgegebenen Leitfragen untersucht, analysiert bzw. interpretiert, wobei die thematischen Schwerpunkte durch die jeweilige Fragestellung festgelegt sind. Die Zusammenstellung der Fragen hängt dann jeweils von den zu untersuchenden Texten, seinen textspezifischen Merkmalen und den situativen Erfordernissen der Lernerfolgskontrollen ab.

Während die geschlossene Aufsatzform ein weitgehend selbständiges Arbeiten verlangt und ein höheres Leistungsniveau im Transferbereich und in der Textproduktion voraussetzt, ist die differenzierte Form eher für leistungsschwächere Schüler gedacht. Es ist jedoch auch sinnvoll, die differenzierte Form der Lernerfolgskontrolle als Teilzielkontrolle für einzelne thematische Leitaspekte (z.B. Untersuchungen zur Thematik, Struktur und Sprachgestalt) zwischenzuschalten und zum Abschluß die geschlossene Form des Aufsatzes zu verlangen.

Wenn ein Aufsatz verlangt wird, sollte man mit den Schülern einen Gliederungsvorschlag erarbeiten, der wie folgt aussehen könnte:

Einleitung:
Verfasser, Titel, Thematik des Textes, kurze Zusammenfassung des Inhaltes in einem oder zwei Sätzen, ggf. eine vorläufige gattungstypologische Einordnung, ggf. literarhistorische und zeitgeschichtliche Bedingungen der Textproduktion, soweit sie den Schülern bekannt sind bzw. zugänglich gemacht werden.

Hauptteil:
1. Textuntersuchung – Textinterpretation
   a) Thematik mit kurzer Inhaltswiedergabe
   b) Struktur
   c) Sprachgestalt
   d) Verfasserintention (ggf. Differenzierung zwischen beabsichtigter und tatsächlicher Wirkung)
2. gattungstypologische Einordnung des Textes

Schluß:
z.B. persönliche Stellungnahme, ggf. eigenes Urteil (Begründung).

Beispiele für eine differenzierte Form der Themenstellung in Form von thematischen Leitaspekten:

1. Heinrich Böll: Anekdote zur Senkung der Arbeitsmoral
Vorschlag a)
– Welche Situation ist in dem Text dargestellt? Fasse sie kurz in eigenen Worten zusammen!
Untersuche unter den Gesichtspunkten der Wortwahl, des Satzbaues und der rhetorischen Stilmittel den ersten Textabschnitt.

Inwieweit weist dieser Text Merkmale einer Kurzgeschichte auf, obwohl Böll von einer Anekdote spricht?
Inwiefern kann im letzten Textabschnitt von Neid gesprochen werden?

Vorschlag b)
– Welche Situation wird in dem Text dargestellt?
– Erläutere den Aufbau des Textes!
– Untersuche den Text auf sprachliche (rhetorische) Besonderheiten und erläutere ihre Funktion aus dem Kontext!
– Erläutere die Aussageintention des Verfassers!
– Inwieweit weist der Text Merkmale einer Kurzgeschichte auf? (Obwohl der Verfasser ihn als Anekdote bezeichnet!)

2. Günther Weisenborn: Zwei Männer
– Welche Situation wird in dem Text dargestellt?
– Wie ist der Text aufgebaut?
– Bestimme die Textart (Textgattung)! Begründe deine Ansicht!
– Beschreibe die Sprachgestalt des Textes, und gehe dabei auf sprachliche Besonderheiten ein!
– Erläutere die unterschiedliche Verhaltensweise der beiden Männer aus dem Textzusammenhang!

3. Günther Weisenborn: Die Aussage
– Beschreibe die im Text dargestellte Situation in eigenen Worten!
– Beschreibe den Textaufbau!
– Bestimme die Textgattung, und begründe deine Entscheidung!
– Beschreibe die Sprachgestalt des Textes!
– Erläutere in Anlehnung an den Text das Modell der sprachlichen Kommunikation, und nenne Bedingungen, unter denen Kommunikation stattfinden kann!

Weitere Anregungen für die Zusammenstellung einer Lernerfolgskontrolle in der differenzierten Form finden sich in den jeweiligen Kapiteln über die einzelnen Kurzgeschichten. Sie sind dort und auf den Stundenblättern jeweils als Leitfragen zu finden und können nach den individuellen Bedürfnissen der Lernsituation vom Lehrer selbst zusammengestellt werden.

Aufsatzthemen:

Interpretiere den Text … unter den Gesichtspunkten der Thematik, der Struktur, der Sprachgestalt und der Verfasserintention, und ordne ihn gattungstypologisch ein!
Inwiefern ist der Text … eine moderne Kurzgeschichte? Begründe deine Absicht!
Inwiefern weist der Text von … Merkmale der modernen Kurzgeschichte auf?
Weise nach, daß der Text … eine moderne Kurzgeschichte ist!
Weise anhand einiger Merkmale nach, daß der Text … eine Kurzgeschichte ist!
Welches sind die Merkmale der Kurzgeschichte? Weise sie anhand eines selbst gewählten Textes nach! (Hausaufsatz)
Inwiefern ist die Begriffsbestimmung der Kurzgeschichte als literarische Gattung problematisch?
Weise nach, daß es sich bei dem Text … von … um eine Kurzgeschichte handelt!
Erläutere den Unterschied zwischen Anekdote und Kurzgeschichte!
Textvergleich, Anekdote aus dem letzten preußischen Kriege von Heinrich von Kleist, Anekdote zur Senkung der Arbeitsmoral von Heinrich Böll. Interpretiere beide Texte, und ordne sie gattungstypologisch ein!
Untersuche den Text von … unter den Gesichtspunkten der Struktur, Thematik, Sprachgestalt und Verfasserintention, und ordne ihn gattungstypologisch ein! Untersuche die Funktion der rhetorischen Stilmittel für die Gesamtaussage des Textes.

Literaturverzeichnis

Das nachfolgende Literaturverzeichnis beschränkt sich in einer knappen Auswahl nur auf das Notwendigste.

Dort, wo es nützlich schien, wurde auf weiterführende bibliographische Angaben hingewiesen. Die mit einem * versehenen Titel bieten nach Ansicht des Verfassers geeignete und empfehlenswerte Hilfen zur weiteren Information.

1. Textsammlungen

Leseheft „Kurzgeschichten" (Klettbuch 26122)

Arbeitstexte für den Unterricht. Deutsche Kurzgeschichten. 9.–10. Schuljahr, Reclam UB 9507, Stuttgart 1973

Arbeitstexte für den Unterricht, Theorie der Kurzgeschichte, Reclam UB 9538, Stuttgart 1977

Bertolt Brecht, Kalendergeschichten, rororo 77, Reinbek 1970 (S. 5–18: Der Augsburger Kreidekreis).

Die für die Klassen 8–10 eingeführten Lesebücher der verschiedenen Verlage.

2. Sekundärliteratur

*Bender, Hans: Ortsbestimmung der Kurzgeschichte. In: „Akzente" 3 / 1962, S. 205 ff.

Bienek, Horst: Werkstattgespräche mit Schriftstellern, München 1962

Carl, Rolf-Peter: Dokumentarisches Theater. In: Manfred Durzak, Die deutsche Literatur der Gegenwart. Stuttgart 1971, S. 99–127

Deutscher Bildungsrat: Strukturplan für das Bildungswesen, Stuttgart ³1971

*Doderer, Klaus: Die Kurzgeschichte in Deutschland (Diss. Marburg). Wiesbaden 1953, WB Darmstadt ⁴1973 (weiterführende bibliographische Angaben)

Doderer, Klaus: Die angelsächsische Short Story und die Deutsche Kurzgeschichte. In: „Die neueren Sprachen" 1953, S. 147 ff.

Doderer, Klaus; Die Kurzgeschichte als literarische Form. In: „Wirkendes Wort", Jg. 1957/58, Heft 2, S. 90 ff.

Doderer, Klaus: Kurzgeschichte und Short Story. In: Lexikon der Weltliteratur im 20. Jahrhundert, 2. Band, Sp. 93–97. Freiburg 1961

*Doderer, Klaus: Literaturdidaktische Bemerkungen zur Kurzgeschichte. In: H. Helmers, Moderne Dichtung im Unterricht. Braunschweig ²1972, S. 101–104

Ebing, Hans A.: Die deutsche Kurzgeschichte, Wurzel und Wesen einer neuen literarischen Kunstform. Diss. Münster, Bochum 1936

Elster, Hans Martin: Die Kurzgeschichte oder Skizze. In: Die Horen. Jg. 6 (1930), S. 708 ff.

Gerth, Klaus: Die Kurzgeschichte in der Schule. In: „Westermanns Pädagogische Beiträge" 11/1962, S. 437–447

Gerth, Klaus: Kritik der Kritik. Zur Kurzgeschichte in der Schule. In: „Westermanns Pädagogische Beiträge" 7/1963, S. 298–301

Hajek, Siegfried: Die moderne Kurzgeschichte im Unterricht. In: „Der Deutschunterricht" 1/1955, S. 5–12

*Höllerer, Walter: Die kurze Form der Prosa. In: „Akzente" 3/1962, S. 226–245

*Kilchenmann, Ruth J.: Die Kurzgeschichte. Formen und Entwicklung. Stuttgart ³1971 (weiterführende bibliographische Angaben)

Langer, Felix: Die Kurzgeschichte. In: Die Literatur, Bd. 32 (1929–30), S. 613

Langgässer, Elisabeth: Das Kreuz der Kurzgeschichte. Süddeutsche Zeitung vom 9. 12. 1949

Lerch, Eugen: Was ist Reportage? Kölnische Zeitung v. 15. 1. 1929

Lorbe, Ruth: Die deutsche Kurzgeschichte in der Jahrhundertmitte. In: „Der Deutschunterricht" H. 1/1957, S. 36–54

Motekat, Helmut: Gedanken zur Kurzgeschichte. In: „Der Deutschunterricht" H. 1/1957), S. 20–35

Nentwig, Paul: Dichtung im Unterricht. Braunschweig ³1966

Pielow, Winfried: Dichtung und Didaktik. Bochum 1963

Pongs, Hermann: Die Anekdote als Kunstform zwischen Kalendergeschichte und Kurzgeschichte. In: „Der Deutschunterricht" H. 1/1957, S. 5–20

Reitz, Hellmuth: Wie schreibt man Kurzgeschichten? In: „Welt und Wort", Jg. 1949, S. 364 ff.

Schnurre, Wolfdietrich: Kritik und Waffe. Zur Problematik der Kurzgeschichte. In: „Deutsche Rundschau", Januar 1961, S. 61–66

Schülerduden, Die Literatur, Mannheim 1980

Schulz, Bernhard: Die moderne Kurzgeschichte. In: Erich Wolfrum, Taschenbuch des Deutschunterrichts. Esslingen 1972, S. 296–309

Skorna, Hans-Jürgen: Die Kurzgeschichte

der Nachkriegszeit im Unterricht. Ratingen 1967

Thiemermann, Franz-Josef: Kurzgeschichten im Deutschunterricht. Bochum 1967

Ulshöfer, Robert: Die Wirklichkeitsauffassung in der modernen Prosadichtung. In: „Der Deutschunterricht" H. 1/1955, S. 13–40

Ulshöfer, Robert: Unterrichtliche Probleme bei der Arbeit mit der Kurzgeschichte. In: „Der Deutschunterricht" 6/1958, S. 5–35

Welzig, Werner: Der deutsche Roman im 20. Jahrhundert. Stuttgart 1967

Wilpert, Gero von: Sachwörterbuch der Literatur. Stuttgart 1961

Zierott, K.: Die Kurzgeschichte in Literatur und Presse. München 1952

*Zimmermann, Werner: Deutsche Prosadichtungen unseres Jahrhunderts, Teil II (Neufassung), Düsseldorf ²1970

3. Bibliographien, Interpretationen

Boueke, Dietrich, u. a.: Bibliographie Deutschunterricht. Paderborn 1973, S. 184–185

Interpretationen zu Wolfgang Borchert. Verfaßt von einem Arbeitskreis. München ⁷1962

Interpretationen zu Erzählungen der Gegenwart I–VI. Hirschgraben, Frankfurt ²1976

Schlepper, Reinhard: Was ist wo interpretiert? Paderborn 1980

Schwimmer, Helmut: Bertolt Brecht Kalendergeschichten. Interpretationen. München ³1971

STUNDENBLÄTTER
Deutsch

für die Sekundarstufe I

Kurzgeschichten	Lernsequenz 1: Herausarbeitung von Wesensmerkmalen
	1. / 2. Stunde: Herbert Malecha „Die Probe"

Analyseschwerpunkte: Spannungsverlauf, Schauplatzwechsel, Stimmungslage der Hauptfigur, Textstruktur, Sprachgestalt, Verfasserintention

Unterrichtsschritte	Leitfragen / Unterrichtsform	Erwartungen / Ergebnisse
Unterrichtsschritt 1: – Ankündigung der Textlektüre – Sacherklärungen unbekannter Wörter – Textlektüre	Hinweise des Lehrers auf Titel und Autor (ggf. Zeit- und Lebensumstände des Autors bzw. historischer Bezug der Textproduktion) Lehrer- oder Schülervortrag	Weckung der Lesemotivation (durch Ankündigung und Lektüre des Textes) Textinhalt
Unterrichtsschritt 2: – Sammeln und Auswerten der Erstleseeindrücke – ggf. Nachtrag von Sacherklärungen	Freies Unterrichtsgespräch: – Beschreibt eure ersten Eindrücke! – Was gefällt (fasziniert) euch an dem Text besonders? Fragend-entwicklende Erarbeitung der Begriffe	– Kurze Beschreibung des Spannungsverlaufs, – der -steigerung und der Höhepunkte der Spannung. – Zusammenhang zwischen Spannung und Lesemotivation.
Unterrichtsschritt 3: – Inhaltssicherung – Textuntersuchung unter vorgegebenen Aspekten	Themengleicher und arbeitsteiliger Gruppenunterricht. Gruppe 1 und 2: – Entwerft eine Gliederung nach selbstgewählten Gesichtspunkten! (alternativ: Entwerft eine Gliederung unter dem Gesichtspunkt des Spannungsverlaufs / Schauplatzes der Handlung!) Gruppe 3 und 4: – Wie läßt sich der Spannungsverlauf durch eine Kurve darstellen? (Höhepunkte / Spannungsanstieg / Spannungsabfall / Spannungshöhe) Gruppe 5 und 6: – Entwerft eine kurze Inhaltsangabe! Beachtet dabei das Handlungsgerüst!	– Inhaltliche Gliederung des Handlungsverlaufs, – Spannungsverlauf und Schauplätze, – Spannungskurve (graphische Darstellung des Spannungsverlaufs), – Inhaltswiedergabe
Unterrichtsschritt 4: – Zusammenfassung der Arbeitsergebnisse von Unterrichtsschritt 3 – Inhaltliche Strukturierung des Textes	Berichtsphase: Schülervorträge, Unterrichtsgespräch; Tafelarbeit, Skizze unter Anleitung des Lehrers: Stellt den Spannungsverlauf des Textes in der Kurve dar! Versucht den Zusammenhang zwischen Inhalt und Spannungsverlauf graphisch darzustellen! Ordnet darunter die entsprechenden Inhalte ein (Handlungsverlauf)!	Textstruktur: 1. J. Redluffs „Rückkehr" in die Öffentlichkeit 2. Die Probe im Lokal 3. Im Strom der Menge 4. Die Selbstentlarvung

Unterrichtsschritte	Leitfragen / Unterrichtsform	Erwartungen / Ergebnisse
Unterrichtsschritt 5: Kurze Wiederholung anhand der in Unterrichtsschritt 4 erarbeiteten Tafelskizze, Interpretation (Textdeutung) unter folgenden Aspekten a) Struktur b) Sprachgestalt c) Zusammenhang zwischen Schauplatz der Handlung und Spannungsverlauf	Gruppenunterricht, Leitfragen: Gruppe 1: – Wie ist der Text strukturiert? Vergleiche ihn mit der gebräuchlichen dreiteiligen Textstruktur in Einleitung, Hauptteil und Schluß und zeige Unterschiede auf! Gruppe 2: – Im dritten und vorletzten Textabschnitt verwendet der Verfasser Vergleiche und bildhafte Ausdrücke! – Markiere sie und gib an, aus welchem Bereich sie vorwiegend entstammen! – Suche im Text nach Redewendungen, die der Umgangssprache entstammen und notiere sie! (Welche Redewendungen des Textes entstammen der Alltags- bzw. Umgangssprache?) Gruppe 3: – Welchen Zusammenhang erkennst du zwischen dem Schauplatz der Handlung und der Gemütslage der Hauptfigur?	Textaufbau: Expositionsloser Beginn (der Leser wird unmittelbar ins Geschehen hineinversetzt), Steigerung der Spannung bis zum Höhepunkt, der zugleich Wendepunkt und offener Schluß ist. Überraschende Wendung (Pointe). Erkennen der metaphorischen Sprache, Wassermetaphorik. Synchroner Wechsel zwischen Schauplatz und Gemütslage, zwischen Sicherheit und Unsicherheit, zwischen Außenräumen (Straße) und Innenräumen (Haus, Halle). Vgl. Strukturskizze
Unterrichtsschritt 6: Zusammenfassende Deutung	Schülervorträge, Kontrollmöglichkeiten der themengleich arbeitenden Arbeitsgruppen – Welche Ergänzungen und Korrekturen sind zu den Arbeitsberichten der einzelnen Gruppen notwendig? Die Strukturskizze kann auch als Hausaufgabe aufgegeben werden. (Gliederung und Erarbeitung einer Strukturskizze, wobei die Vorschläge durch die Arbeitsgruppen gemacht werden sollen)	Visualisierung der Arbeitsergebnisse in einer Strukturskizze.
Unterrichtsschritt 7: Herausarbeitung der Verfasserintention	Entwickelnd-erörternd, – Was will der Autor mit seinem Text sagen? – Welche Funktion besitzt der offene Schluß des Textes?	– Unterhaltung und Nachdenken des Lesers – Auseinandersetzung mit der Textaussage „Der Mensch kann sein Wesen (sich selbst) nicht verleugnen" (Schüleraussage)

Strukturskizze: Herbert Malecha „Die Probe"

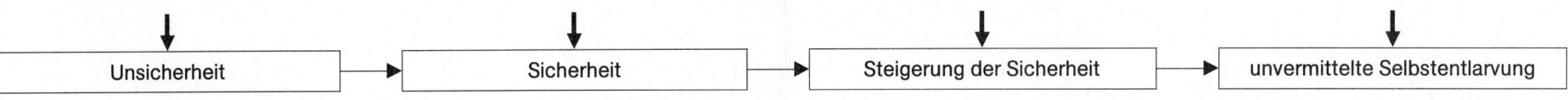

Schauplätze der Handlung

1. Auf der Straße

Ausgangssituation:
ein steckbrieflich gesuchter Verbrecher wagt sich nach dreimonatigem Untertauchen in die Öffentlichkeit

2. Die Probe im Lokal

der gefälschte Paß besteht die Probe bei einer überraschenden Polizeikontrolle
„war plötzlich ganz ruhig"

3. Auf der Straße

im Strom der Menge
„Er gehört wieder dazu"

4. Die Probe in der Ausstellung

Ehrung als hunderttausendster Besucher einer Ausstellung

Unsicherheit	→	Sicherheit	→	Steigerung der Sicherheit	→	unvermittelte Selbstentlarvung

Steigerung der Spannung bis zum Höhepunkt

expositionsloser Beginn

Wendepunkt
Pointe
offener Schluß
plötzlicher Abbruch

Sprachliche Besonderheiten des Textes: Wassermetaphorik ◄——► Auf der Straße (Koppelung mit dem Schauplatz)

Funktion: Veranschaulichung und Verdeutlichung des Verhaltens von Redluff in der Menge und seiner Gedanken

Beispiele: „Platzregen von Gesichtern"
„wie ein Kork auf dem Wasser tanzt"
„abgestoßen und weitergetrieben"

Analyseschwerpunkte: Gestaltungselemente des Textes, Verhalten der Personen, Spannungsverlauf, Thematik, Sprachgestaltung

Unterrichtsschritte	Leitfragen / Unterrichtsform	Erwartungen / Ergebnisse
Unterrichtsschritte 1 und 2: 1. Überprüfung und Verbesserung der Hausaufgabe aus der vorangegangenen Stunde 2. Kurze Angabe des Texttitels und seines Verfassers Topographische Einordnung des Schauplatzes anhand von Atlas oder Karte	Leitfrage: Nenne den Schauplatz der Handlung, beschreibe die topographische Lage des Schauplatzes! (Kontinente, Großlandschaften, Staat) Lehrform: fragend-entwickelnd	Kenntnis der geographischen Lage des Schauplatzes
Unterrichtsschritt 3: Textlektüre (entfällt, wenn die Lektüre als vorbereitende Hausaufgabe aufgegeben war)	Lehrer- oder Schülervortrag bzw. Stillarbeit	Kenntnis des Textinhaltes
Unterrichtsschritt 4: Inhaltssicherung und -gliederung	Unterrichtsgespräche: – In welche Hauptabschnitte läßt sich das Geschehen unter dem Gesichtspunkt des Schauplatzes der Handlung einteilen? – Untergliedere die Hauptabschnitte weiter!	Textaufbau I. Hauptabschnitt: Das Geschehen auf der Farm: 1. Die Situation nach dem Wolkenbruch 2. Der Einbruch des Stroms 3. Die ausweglose Lage der beiden Männer II. Hauptabschnitt: Auf dem Strom 1. Der Zug des Todes 2. Die Versuchung des Peons und ihre Überwindung 3. Die Rettung beider (Nentwig 1967, S. 87)
Unterrichtsschritt 5: Erarbeitung der Textstruktur	Leitfragen: – Wie ist der Text aufgebaut? – Wie verläuft die Spannungskurve? – Gibt es eine Einleitung und einen Schluß in diesem Text? Begründe deine Aussagen! – Erinnere dich an die Textstruktur des Textes der vergangenen Stunde! – Versuche die Textstruktur graphisch zu verdeutlichen! Hinweis: Es scheint empfehlenswert, daß die Schüler die Struktur, die sie an diesem Text erfahren haben, mit der aus der Aufsatzerziehung gewohnten formalen Einteilung in Einleitung, Hauptteil und Schluß vergleichen und von daher die Unterschiede noch einmal begreifen.	Folgende Struktur sollte erkannt werden: unmittelbarer Beginn (keine Einleitung), Steigerung der Spannung bis zum Höhepunkt, der zugleich Wendepunkt ist. Offener Schluß (Pointe, überraschende Wendung) graphischer Vergleich: – – – Verlauf dieser Kurzgeschichte

Unterrichtsschritte	Leitfragen / Unterrichtsform	Erwartungen / Ergebnisse
Unterrichtsschritt 6: Betrachtung der Sprachgestalt (Stilmerkmale)	Leitfragen: – Mit welchen sprachlichen Mitteln wird die Spannung in dieser Geschichte erzeugt? – Wie wirkt die Art der Darstellung auf dich? – Betrachte den Zusammenhang zwischen der Abfolge der Ereignisse und der zur Darstellung verwendeten Syntax!	Stilmerkmale: – Genauigkeit und Sachlichkeit der Sprache (nüchterne, sachliche Darstellung) – Kontrast zwischen den dramatischen Ereignissen und der schonungslos nüchternen Art ihrer Darstellung – Zusammenhang zwischen sich überstürzenden Ereignissen und der parataktischen Reihung der Sätze (Satzaufbau spiegelt die inhaltliche Aussage)
Unterrichtsschritt 7: Herausarbeitung der Verhaltensweisen der beiden Hauptpersonen	Entwickelnd-erörternd oder themengleicher Gruppenunterricht Leitfragen: – Betrachte das Verhalten der beiden Personen, und versuche, die Beweggründe ihres Handelns darzulegen! – Wie beurteilst du das Verhalten der beiden Männer?	Gesinnungswandel des Peons: Wendepunkt im Verhalten des Peons, Mordversuch, Teilung der Zigarette, Selbstmordabsicht Begriffe: Selbsterhaltungstrieb, Verantwortungsbewußtsein
Unterrichtsschritt 8: Stellen der Hausaufgabe	– Zeige inhaltliche und formale (strukturelle) Ähnlichkeiten zwischen diesem Text und dem vorangegangenen Text auf!	Folgende Gemeinsamkeiten der Texte sollten erkannt werden: – Darstellen von Ausnahmesituationen im Leben eines Menschen – schicksalhafter Ausschnitt aus dem Leben eines Menschen – Gemeinsame Strukturmerkmale, unmittelbarer Beginn, Steigerung der Spannung bis zum Höhepunkt und Wendepunkt, offener Schluß (?)

Strukturskizze: Günther Weisenborn „Zwei Männer"

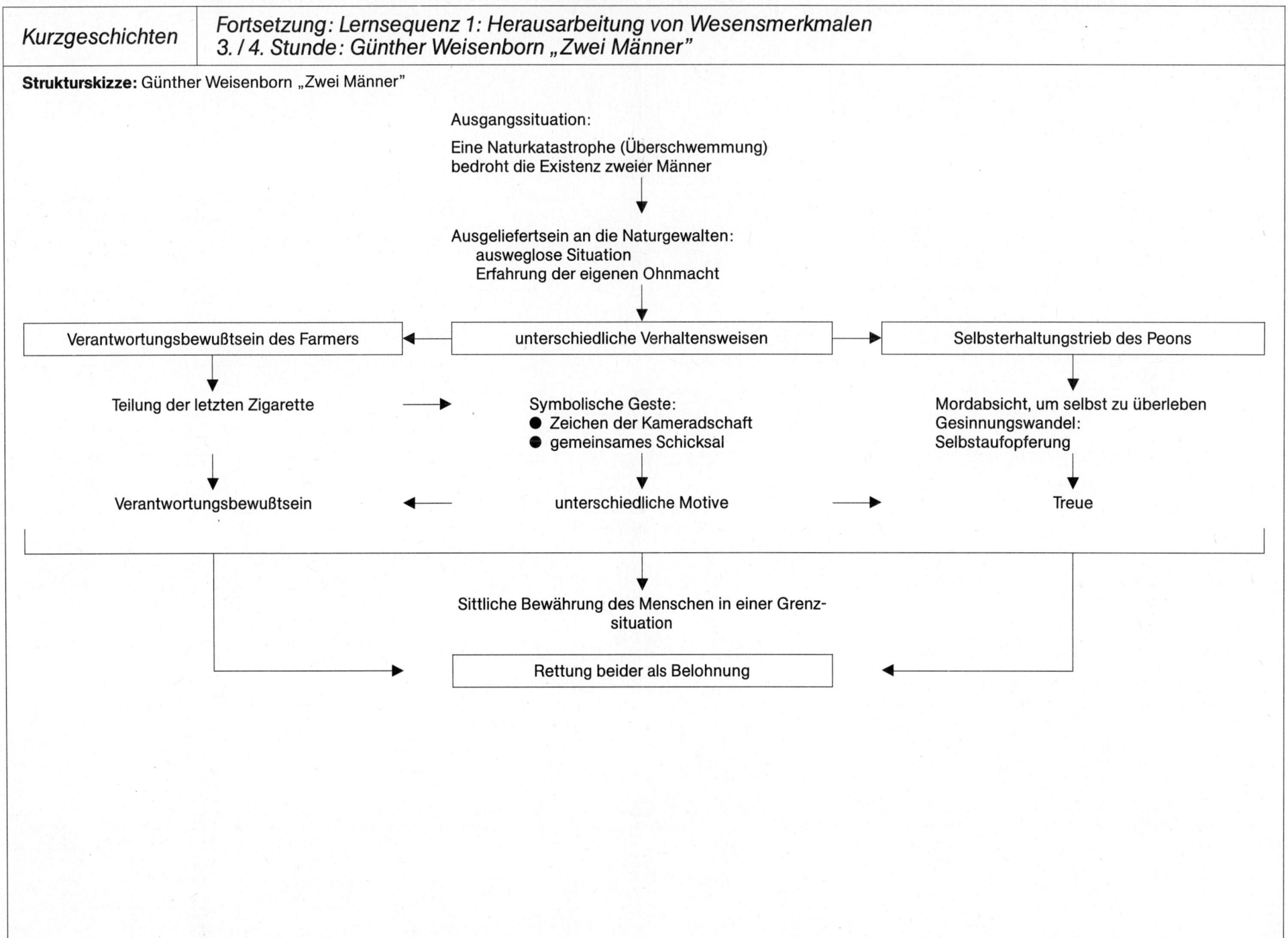

Ausgangssituation:

Eine Naturkatastrophe (Überschwemmung)
bedroht die Existenz zweier Männer

↓

Ausgeliefertsein an die Naturgewalten:
ausweglose Situation
Erfahrung der eigenen Ohnmacht

↓

| Verantwortungsbewußtsein des Farmers | ← | unterschiedliche Verhaltensweisen | → | Selbsterhaltungstrieb des Peons |

↓   ↓

Teilung der letzten Zigarette   →   Symbolische Geste: Mordabsicht, um selbst zu überleben
● Zeichen der Kameradschaft   Gesinnungswandel:
● gemeinsames Schicksal   Selbstaufopferung

↓   ↓   ↓

Verantwortungsbewußtsein   ←   unterschiedliche Motive   →   Treue

Sittliche Bewährung des Menschen in einer Grenzsituation

| Rettung beider als Belohnung |

Kurzgeschichten	Lernsequenz 1: Herausarbeitung von Wesensmerkmalen
	5. / 6. Stunde: Wolfgang Borchert „Nachts schlafen die Ratten doch"

Analyseschwerpunkte: Wendepunktstruktur, sprachliche Darstellungsformen, grammatische Stilanalyse, vergleichende Wortschatzanalyse zwischen Eingangs- und Schlußabschnitt.

Unterrichtsschritte	Leitfragen / Unterrichtsform	Erwartungen / Ergebnisse
Unterrichtsschritt 1: – Kontrolle der Hausaufgaben – Präsentation eines Dias, Plakats oder Fotos oder ähnlichem zum Thema Trümmerwüste (Aufnahme von einer deutschen Stadt nach einem Bombenangriff) – Bekanntgabe von Autor, Titel des Textes	Freies Unterrichtsgespräch – Betrachte dieses Bild und beschreibe, was darauf dargestellt ist! – Wie wirkt dieses Bild auf dich?	– Darstellung der zerstörenden Wirkung des Krieges auf den Menschen und seine Umwelt – Äußerungen der Gefühle der Angst und Bedrohung durch die vom Krieg zerstörte Umwelt des Menschen
Unterrichtsschritte 2 und 3: – Textlektüre Erstlesewirkung und Vorverständnis – Aufnahme und Sicherung des Textinhaltes (Die Textlektüre kann auch als Hausaufgabe aufgegeben werden)	Lehrer- oder Schülervortrag (Stillektüre, Unterrichtsgespräch) – Äußere dich zu dem Text! – Was interessiert dich an diesem Text? – Beschreibe die Wirkung des Textes auf dich! Leitfragen: – Beschreibe die dargestellte Situation in eigenen Worten! – Skizziere Zeit, Ort und Hauptpersonen des Textes!	Äußerungen von Erstleseeindrücken – kurze Inhaltsangabe – zeitliche Einordnung: vermutlich Ende des zweiten Weltkrieges – örtliche Einordnung: zerbombte deutsche Stadt, Trümmerwüste – 2 Hauptpersonen, ein Junge und ein Mann – schicksalhafte Begegnung zwischen einem neunjährigen Jungen und einem Mann
Unterrichtsschritt 4: Erarbeitung der Textstruktur	Partner- oder Gruppenarbeit Leitfragen: – Welche Darstellungstechniken werden in diesem Text angewandt? – Vergleiche dazu den ersten und letzten Textabschnitt mit dem dazwischen liegenden Textteil und zeige Unterschiede auf!	– Dreiteiliger Textaufbau: erzählender Beginn, Dialog, erzählender Schluß – Darstellungstechniken: berichtende Erzählweise, szenische Darstellung – Verhaltensänderung des Jungen: aus der Ablehnung und Hoffnungslosigkeit wird durch die Notlüge des Mannes (Nachts schlafen die Ratten doch) die Hoffnung auf einen neuen Lebensinhalt geweckt.

Unterrichtsschritte	Leitfragen / Unterrichtsform	Erwartungen / Ergebnisse
Unterrichtsschritt 5: Vergleichende Wortschatzanalyse des ersten und letzten Textabschnittes	Lehrerimpuls: – Was versteht man unter Wortschatzanalyse? Partner oder themengleicher Gruppenunterricht Leitfrage: Untersuche den Wortbestand an Substantiven, Adjektiven und Verben im ersten und letzten Textabschnitt und vergleiche! Unterrichtsgespräch: – Welche Assoziation lösen diese Wortartgruppen bei dir aus? Um welche Art von Verben handelt es sich? Was drücken sie aus? – Welche textbezogenen Folgerungen lassen sich daraus ableiten?	Tabellarische Auflistung der Wortarten und Schlußfolgerungen vgl. Strukturskizze unten

Strukturskizze: Wolfgang Borchert „Nachts schlafen die Ratten doch"

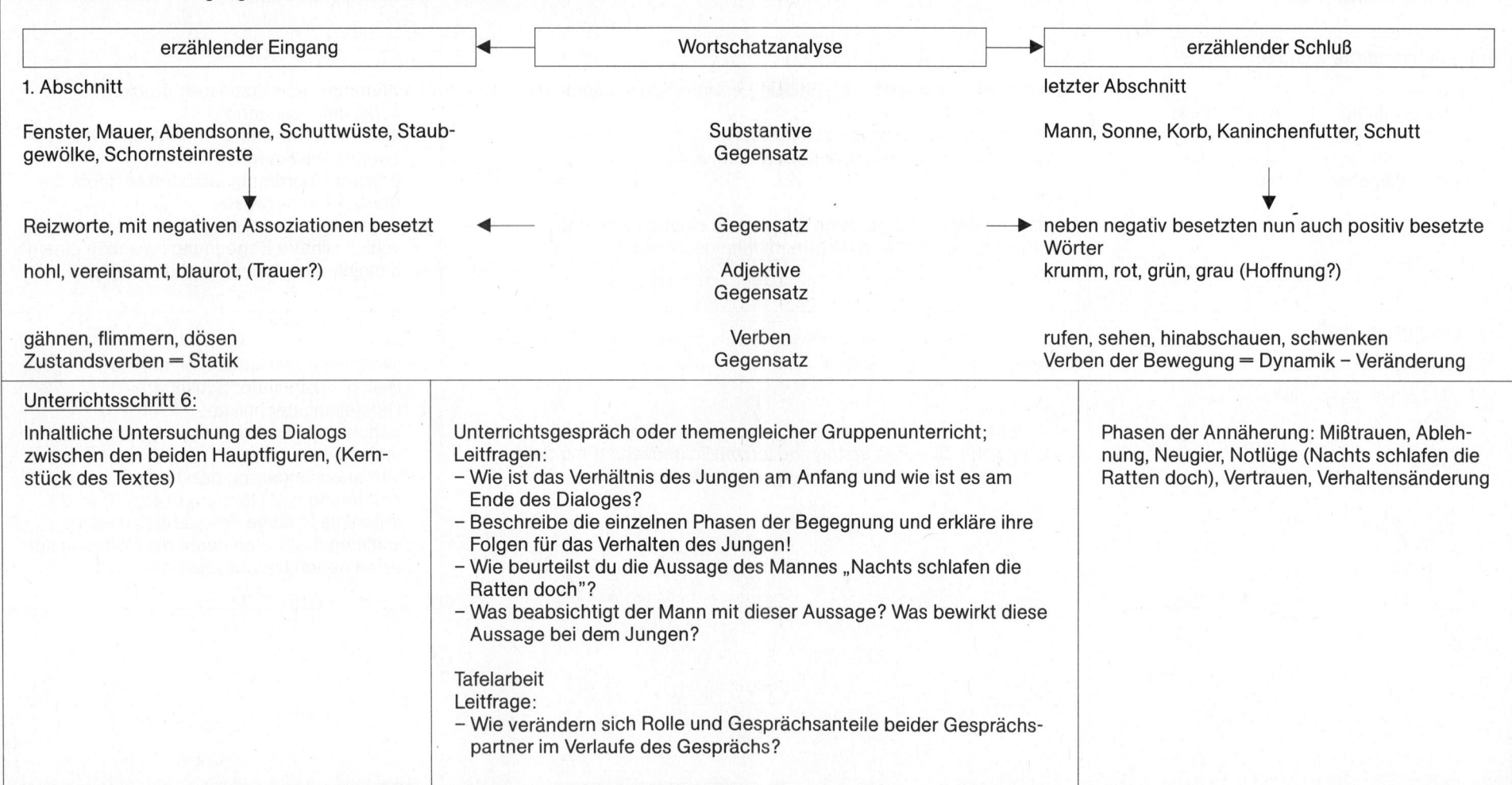

erzählender Eingang	Wortschatzanalyse	erzählender Schluß
1. Abschnitt		letzter Abschnitt
Fenster, Mauer, Abendsonne, Schuttwüste, Staubgewölke, Schornsteinreste	Substantive Gegensatz	Mann, Sonne, Korb, Kaninchenfutter, Schutt
Reizworte, mit negativen Assoziationen besetzt	Gegensatz	neben negativ besetzten nun auch positiv besetzte Wörter
hohl, vereinsamt, blaurot, (Trauer?)	Adjektive Gegensatz	krumm, rot, grün, grau (Hoffnung?)
gähnen, flimmern, dösen Zustandsverben = Statik	Verben Gegensatz	rufen, sehen, hinabschauen, schwenken Verben der Bewegung = Dynamik – Veränderung

Unterrichtsschritte	Leitfragen / Unterrichtsform	Erwartungen / Ergebnisse
Unterrichtsschritt 6: Inhaltliche Untersuchung des Dialogs zwischen den beiden Hauptfiguren, (Kernstück des Textes)	Unterrichtsgespräch oder themengleicher Gruppenunterricht; Leitfragen: – Wie ist das Verhältnis des Jungen am Anfang und wie ist es am Ende des Dialoges? – Beschreibe die einzelnen Phasen der Begegnung und erkläre ihre Folgen für das Verhalten des Jungen! – Wie beurteilst du die Aussage des Mannes „Nachts schlafen die Ratten doch"? – Was beabsichtigt der Mann mit dieser Aussage? Was bewirkt diese Aussage bei dem Jungen? Tafelarbeit Leitfrage: – Wie verändern sich Rolle und Gesprächsanteile beider Gesprächspartner im Verlaufe des Gesprächs?	Phasen der Annäherung: Mißtrauen, Ablehnung, Neugier, Notlüge (Nachts schlafen die Ratten doch), Vertrauen, Verhaltensänderung

Kurzgeschichten	Fortsetzung: Lernsequenz 1: Herausarbeitung von Wesensmerkmalen 5. / 6. Stunde: Wolfgang Borchert „Nachts schlafen die Ratten doch"

Unterrichtsschritte	Leitfragen / Unterrichtsform	Erwartungen / Ergebnisse
Unterrichtsschritt 7: Sprachliche Untersuchung des Dialogs zwischen den beiden Hauptpersonen	Partner- oder Gruppenarbeit (themengleich oder arbeitsteilig) Leitfragen: – Untersuche den Dialog auf umgangssprachliche und kindgemäße Redewendungen und stelle entsprechende Beispiele zusammen! – Warum verwendet der Autor solche Redewendungen? Unterrichtsgespräch zur Herausarbeitung des Motivgegensatzes: – Was bedeuten Ratten und Kaninchen für den Jungen? – Welche Gedanken lösen Ratten und Kaninchen bei dir aus? Beschreibe diese Tiere und ihre Bedeutung für den Menschen?	Sprachgestalt: Stilmerkmale des Dialogs – Umgangssprache, kindgemäße Sprache, Kindersprache – Motivgegensatz: Ratten – Kaninchen. Deutung: Kaninchen = Haustier – Ratte = Schädling, Kaninchen – Symbol für Welt der Geborgenheit, Ratte – Symbol für Welt der Zerstörung und des Zerfalls

Strukturskizze: Wolfgang Borchert „Nachts schlafen die Ratten doch"

erzählerische Technik: Wechsel von berichtender Erzählweise und szenischer Darstellung

Dreiteilung des Textes

① erzählender Beginn   ② Dialog   ③ erzählender Schluß

Verschiedene Stadien der Annäherung zwischen dem Jungen und dem Mann

– zentrale Funktion der Notlüge: „Nachts schlafen die Ratten doch"

Verhaltensänderung

Angst / Ablehnung → Stimmungsumschwung → Begeisterung / Zuwendung / Vertrauen

Welt der Angst und Zerstörung → Situation und Umgebung des Jungen (Wandlung / Veränderung) → Welt der Hoffnung und des Aufbaus (Verheißung)

Ratten / Tod ← Motivgegensatz → Kaninchen / Leben

Kurzgeschichten	Lernsequenz 1: Herausarbeitung von Wesensmerkmalen
	7. Stunde: Merkmale der modernen Kurzgeschichte

Analyseschwerpunkte: Thematik, Struktur, Sprachgestalt, Verfasserintention, Definition der modernen Kurzgeschichte

Unterrichtsschritte	Leitfragen / Unterrichtsform	Erwartungen / Ergebnisse
Unterrichtsschritt 1: a) Wiederholung als Einstieg – kurze Inhaltsangaben der drei behandelten Kurzgeschichten – Hinweise auf die besonderen Merkmale dieser Texte b) vergleichende Textuntersuchung unter vorgegebenen Gesichtspunkten	Kombination von themengleichem und arbeitsteiligem Gruppenunterricht. Leitfragen: Bisher haben wir drei Texte besprochen bzw. interpretiert. Wir wollen diese Texte unter drei vorgegebenen Gesichtspunkten untersuchen und ihre gemeinsamen Merkmale herausfinden. Gruppe 1 und 2: Stellt Gemeinsamkeiten der Thematik fest! a) Über welche Ereignisse wird berichtet? b) Welche Bedeutung haben diese Ereignisse im Leben der Hauptfiguren? c) Wie groß ist der dargestellte Zeitraum (erzählte Zeit)? Gruppe 3 und 4: Stellt Gemeinsamkeiten der Struktur fest! a) Wie setzen die Texte ein? b) Wie enden sie? c) Wo liegt der Höhepunkt der Texte? d) Wie reagiert der Leser auf den Schluß? Gruppe 5 und 6: Stellt Gemeinsamkeiten der Sprachgestalt fest! – Beschreibt den Satzbau, die Wortwahl (den Sprachstil) der einzelnen Texte! – Welche sprachlichen Besonderheiten weisen die verschiedenen Texte auf? – Versuche, die sprachlichen Besonderheiten aus dem inhaltlichen Zusammenhang der Texte zu begründen!	– Textinhalte – Folgende gemeinsame Merkmale sollten festgestellt werden: Thematik, Struktur und Gestaltung durch Sprache (vgl. Strukturskizze)
Unterrichtsschritt 2: Gruppenarbeitsphase	Gruppenarbeit: Ausarbeitung der gestellten Fragen.	Ggf. Hilfe durch den Lehrer
Unterrichtsschritt 3: Berichts- und Kontrollphase	Schülervortrag Unterrichtsgespräch Ergänzung bzw. Korrekturen durch die themengleichen Kontrollgruppen	Merkmale der Kurzgeschichte: Thematik ⎫ Struktur ⎬ vgl. Strukturskizze Sprachgehalt ⎭

Unterrichtsschritte	Leitfragen / Unterrichtsform	Erwartungen / Ergebnisse
Unterrichtsschritt 4: – Zusammenstellung der Merkmale der modernen Kurzgeschichte – Herausarbeitung der Verfasserintention	Zusammenfassung der Ergebnisse, Erarbeitung einer Tafelskizze. Leitfragen: – Was wollen die Verfasser der Kurzgeschichten durch ihre Texte erreichen? – Welche Absicht verbinden sie mit dem Schreiben von Kurzgeschichten? – Welche Funktion besitzt in diesem Zusammenhang der offene Schluß der Texte?	Verfasserintention: – didaktische (lehrhafte) Absicht – unterhaltende Wirkung der Texte (spannende Geschichten) Vergleiche Strukturskizze! Ergänzungsmöglichkeit: Eingehen auf den Autorentyp der Kurzgeschichte, Quellenmaterial zur Erarbeitung dieses Aspektes: Textauszug aus Hans Bender, Ortsbestimmung der Kurzgeschichte (siehe Leseheft)
Unterrichtsschritt 5: Zusammenfassende Wiederholung, Stellen der Hausaufgabe, Transfer	Plenum, entwickelnd-erörternd Leitfrage: – Welches sind die Merkmale einer modernen Kurzgeschichte? Textbezogene Hausaufgabe: Inwiefern weist der Text . . . Merkmale der modernen Kurzgeschichte auf?	Wiederholende Klärung und Beschreibung der Merkmale der modernen Kurzgeschichte

Strukturskizze: Merkmale der Kurzgeschichte

Die Kurzgeschichte ist das literarische Produkt einer Auseinandersetzung des Dichters mit der Wirklichkeit

Merkmale der Kurzgeschichte

Struktur

– unvermittelter Beginn

– Steigerung bis zum Höhepunkt (der oft auch Wendepunkt ist)

– unvermittelter offener Schluß

Thematik

– Ausschnitt aus dem Leben eines Menschen,

– der durch ein schicksalhaftes Ereignis gekennzeichnet ist und

– zu einem Wendepunkt in seiner Entwicklung oder in seinem Leben führt oder eine Verhaltensänderung bewirkt

Sprache

– nüchtern, knapp, sachlich, oft nur andeutend

– Funktionalismus

– realitätsnahe (oft bildhafte) Umgangssprache

Intention

Die Kurzgeschichte wirkt wie eine „atemlos heruntergeschriebene keuchend kurze Mitteilungsform" (Schnurre) mit einer Moral. Sie hat eine lehrhafte, aufklärerische Funktion.

Kurzgeschichten	Lernsequenz 2: Inhaltliche Erschließung eines Themenbereiches 1. Stunde: Hans Bender „Iljas Tauben"

Analyseschwerpunkte: Einfluß des Krieges auf Charakter und Verhalten des Menschen,
Handlungsmotive der beiden Hauptfiguren, Merkmale der Kurzgeschichte

Unterrichtsschritte	Leitfragen / Unterrichtsform	Erwartungen / Ergebnisse
Unterrichtsschritt 1: – Texteinführung und Inhaltssicherung – ggf. Nacherzählung – Textgliederung in Erzählschritte	Lehrerimpuls: Vorlesen der Geschichte Unterrichtsgespräch: – Wann spielt die Geschichte? – Wo spielt die Geschichte? Schülervortrag – In welche Erzählschritte läßt sich der Text gliedern?	Zeitliche und topographische Lokalisierung des Schauplatzes der Geschichte (2. Weltkrieg, Rußlandfeldzug). Erzählschritte und Handlungsgerüst. Textaufbau: 1. Quartiersuche 2. Der Auftrag 3. Der vergebliche Versuch 4. Gefangennahme Iljas 5. Tauben als Preis für die Befreiung Iljas 6. Im Gefangenenlager 7. Der Betrug 8. Der Tod des Leutnants
Unterrichtsschritt 2: Textinterpretation, Erarbeitung des Verhältnisses zwischen den beiden Hauptfiguren und der Beweggründe ihres Handelns	Unterrichtsgespräch: – Beschreibe das Verhalten der beiden Hauptpersonen, wie es immer war! – Beschreibe die Veränderung dieses Verhaltens und nenne die auslösenden Ursachen / Beweggründe! – Beschreibe das Verhalten der beiden Hauptpersonen nach der Rückkehr aus dem Gefangenenlager! – Wie erklärst du dir den Schluß der Geschichte?	– Vergleichende Gegenüberstellung des Burschen und des Leutnants – Beschreibung des Verhältnisses, wie es immer war und Beschreibung des Verhältnisses nach der Rückkehr aus dem Gefangenenlager – Gegenüberstellung der betrügerischen Absicht des Leutnants und der Ehrlichkeit des Burschen – Unterschiedliches Verhalten der beiden nach der Rückkehr; Tod des Leutnants = Rache oder Sühne, Überleben des Burschen = Lohn für humanes Verhalten – Eingehen auf den Schlußsatz „Von Partisanen hieß es"
Unterrichtsschritt 3a: – Textuntersuchung – gattungstypologische Einordnung des Textes als Kurzgeschichte (gattungstypologischer und textanalytischer Transfer)	Themengleicher Gruppenunterricht oder Partnerarbeit Leitfrage: – Inwiefern weist dieser Text Merkmale der modernen Kurzgeschichte auf?	Merkmale der Kurzgeschichte: a) thematische Merkmale b) strukturelle Merkmale c) sprachliche Merkmale d) Verfasserintention vgl. Strukturskizze der 7. Stunde (Lernsequenz 1)

Unterrichtsschritte	Leitfragen / Unterrichtsform	Erwartungen / Ergebnisse
Unterrichtsschritt 3b: Bekanntgabe der Ergebnisse der gattungstypologischen Einordnung	Unterrichtsgespräch	Darstellung der Merkmale der Kurzgeschichte
Unterrichtsschritt 4: Thematisch inhaltlicher Transfer zum Thema: Krieg – Gewalt – Terror	Unterrichtsgespräch: – Warum entstehen Kriege? – Warum kommt es zu Gewalt und Terror? – Was kann der einzelne Mensch tun, um Krieg – Gewalt – Terror zu verhindern?	– Auswirkung des Krieges auf den Menschen – Ursache und Anlässe von Kriegen – Begriffe: Kriege – Gewalt – Terror – aktuelle Bezüge, zentrale Betroffenheit, Stichwort: Pazifismus, gewaltlose Demonstration

Strukturskizze: Hans Bender „Iljas Tauben"

Zeit: 2. Weltkrieg
Ort: Südrußland

Darstellung der Begebenheit aus der Perspektive
des Beteiligten

Leutnant	←	Hauptpersonen	→	Bursche

ißt gerne Tauben   Einfluß des Krieges auf Charakter und Verhaltensweisen des Menschen   Organisieren der Tauben

Iljas Tauben

Versuch, die Tauben zu bekommen,
scheitert am Widerstand der Mutter

betrügerische Absicht des Leutnants ← Tauben als Preis für die Befreiung Iljas aus dem Gefangenenlager → Glaube an die Ehrlichkeit des Versprechens

Skrupellosigkeit Egoismus	← Gegensatz →	Idealismus

keine Verhaltensänderung
(ißt die Tauben)
↓
Tod des Leutnants
Strafe

Wendepunkt: Verhaltensänderung
(ißt keine Tauben)
↓
Überleben des Burschen
Lohn

Kurzgeschichten	Lernsequenz 2: Inhaltliche Erschließung eines Themenbereichs 2. Stunde: Ilse Aichinger „Die geöffnete Order"

Analyseschwerpunkte: schicksalhafte Verflechtung der Ereignisse, Verhaltensweise des Menschen in Grenzsituationen, Spannungskurve mit Erzählgipfeln

Unterrichtsschritte	Leitfragen / Unterrichtsform	Erwartungen / Ergebnisse
Unterrichtsschritt 1: Inhaltssicherung und Gliederung des Textes (Lektüre als vorbereitende Hausaufgabe)	Unterrichtsgespräch: – Gib den Inhalt des Textes in eigenen Worten wieder! – In welche Erzählschritte läßt sich der Text gliedern? Partnerarbeit: – Entwirf eine Spannungskurve des Textes und trage Spannungshöhepunkte (Erzählgipfel) ein! – Markiere die Stellen, an denen das Geschehen eine Wendung erfährt!	Erzählschritte und Handlungsgerüst. Differenzierung zwischen Vorgeschichte und Hauptgeschehen. Öffnen der Order als wichtige Gelenkstelle (Wendepunkt) im Text. 4 Höhepunkte, Wendepunktstruktur des Textes.
Unterrichtsschritt 2: Deutung der Beweggründe für das Verhalten der Hauptfigur	Unterrichtsgespräch oder themengleicher Gruppenunterricht: – Wie kommt es zum Öffnen der Order? (Welches ist die auslösende Ursache für das Öffnen der Order?) – Was bewirkt das Öffnen der Order beim Melder? (Welche Folgen hat das Öffnen der Order?) – Wie ändert sich das Verhalten des Melders, nachdem er selbst vom Feind getroffen wird? – Warum findet bei dem Melder ein Gesinnungswandel statt? – Wodurch wird er ausgelöst? – Wo und wie äußert er sich?	– Handlungsmotive: Neugier, Angst vor dem Tod – Schicksalhafte Verflechtung der Ereignisse, tabellarische Auflistung der Verhaltensweisen vor und nach dem Öffnen der Order
Unterrichtsschritt 3: Herausarbeitung der Verfasserintention und Wirkung des Textes	Unterrichtsgespräch, Diskussion. Leitfrage: – Inwiefern macht dieser Text dich betroffen? Gib eine Begründung dafür!	Zentrale Betroffenheit des Schülers. Wirkung des Textes auf die Schüler. Gattungstypologische Merkmale des Textes. (Inwiefern weist der Text Merkmale der Kurzgeschichte auf?)

Strukturskizze: Ilse Aichinger „Die geöffnete Order"

| Vorgeschichte | Hauptgeschehen |

Vorgeschichte

– Ausgangssituation
  angespannte Lage an der Front
– Mißtrauen, Unsicherheit
– Befehl zur Übermittlung einer Order

Öffnen der Order ①

Inhalt:
„Die Order lautete auf seine Erschießung"

brennende Ungewißheit über den Inhalt der Order

1. Höhepunkt
WENDEPUNKT

Hauptgeschehen

– Versuche, sein Leben zu retten ②
► 1. Entschluß, den Fahrer zu töten

Vereitelung der Mordabsicht durch den Feind

(→ WENDEPUNKT)

2. Übergabe der Order an den Fahrer
schlechtes Gewissen
Fieberphantasien

Bekenntnis zur Wahrheit ③

(WENDEPUNKT)
(Gesinnungswandel)

POINTE – überraschende Wende ④

(merkwürdige Chiffre)

W E N D E P U N K T S T R U K T U R

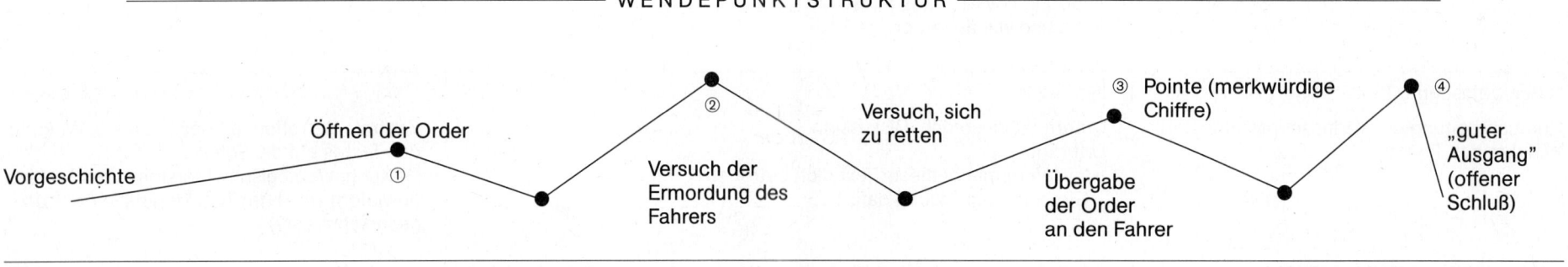

Vorgeschichte

Öffnen der Order ①

② Versuch der Ermordung des Fahrers

Versuch, sich zu retten

③ Pointe (merkwürdige Chiffre)

Übergabe der Order an den Fahrer

④ „guter Ausgang" (offener Schluß)

Kurzgeschichten	Lernsequenz 2: Inhaltliche Erschließung eines Themenbereichs 3. Stunde: Siegfried Lenz „Ein Freund der Regierung"

Analyseschwerpunkte: brutale Gewalt als Mittel zur Einschüchterung von Menschen, Steigerungsprinzip, sprachliche Andeutungstechnik

Unterrichtsschritte	Leitfragen / Unterrichtsform	Erwartungen / Ergebnisse
Unterrichtsschritt 1: 1. Anknüpfung an die Hausaufgabe oder Lektüre des Textes 2. Gliederung 3. Eingehen auf Erzählperspektive und Ausgangssituation	Unterrichtsgespräch: – Wer erzählt diese Geschichte? – Was ist über Zeit und Schauplatz ausgesagt? – Versuche eine Grobgliederung des Textes in Erzählschritte!	Gliederung: Hinfahrt, Begegnung mit Bela Bonzo, Rückfahrt Ergänzungsmöglichkeit: weitere Unterteilung der Grobgliederung, insbesondere der Begegnung mit Bela Bonzo Icherzählung, Glaubwürdigkeit, Erhöhung des Wahrheitscharakters des Textes Zeit und Schauplatz nicht genau einzuordnen
Unterrichtsschritt 2: Textinterpretation (1)	Partner- oder themengleiche Gruppenarbeit Leitfragen: – Vergleiche die Beobachtungen des Journalisten und die Erklärungen des Regierungsbeamten Gajek und werte sie aus! – Welche Schlußfolgerungen kannst du daraus ziehen?	Gegensatz zwischen den Beobachtungen des Journalisten und den Erzählungen des Regierungsbeamten Gajek. Tabellarische Auflistung dieses Gegensatzes. Schlußfolgerung: Zweifel an der Glaubwürdigkeit der Erklärungen des Regierungsbeamten.
Unterrichtsgespräch 3: Textinterpretation (2) Analyse der Überschrift	Unterrichtsgespräch Leitfragen: – Ist Bela Bonzo ein Freund der Regierung? – Aufgrund welcher Indizien erfährt der Leser die Wahrheit? – Wie ist der Titel dieser Geschichte aufzufassen?	Ironie des Titels. Ironie als Diskrepanz zwischen denotativer und konnotativer Bedeutung. Indizien zur Wahrheitsfindung. Sprache als Mittel zur Verschleierung und Aufdeckung von Wahrheit bzw. Lüge.

Strukturskizze: Siegfried Lenz „Ein Freund der Regierung"

Erzählperspektive: Bericht aus der Perspektive eines persönlich Betroffenen
　　　　　　　　Ich-Erzählung (Glaubwürdigkeit)
　　　　　　　　Strukturelle Dreiteilung des Textes: 1. Hinfahrt, 2. Begegnung mit Bela Bonzo, 3. Rückfahrt

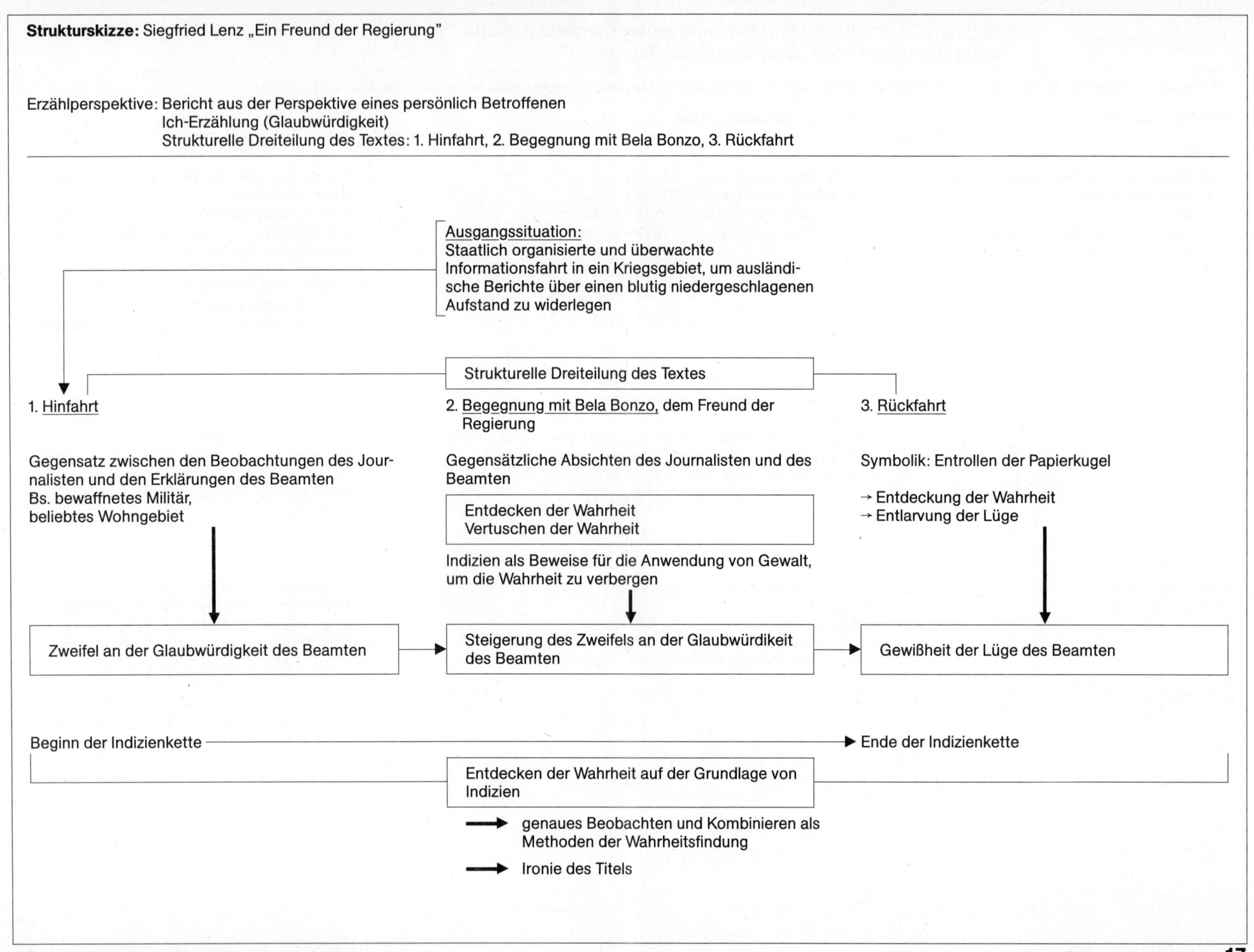

Ausgangssituation:
Staatlich organisierte und überwachte
Informationsfahrt in ein Kriegsgebiet, um ausländi-
sche Berichte über einen blutig niedergeschlagenen
Aufstand zu widerlegen

Strukturelle Dreiteilung des Textes

1. Hinfahrt

Gegensatz zwischen den Beobachtungen des Journalisten und den Erklärungen des Beamten
Bs. bewaffnetes Militär,
beliebtes Wohngebiet

Zweifel an der Glaubwürdigkeit des Beamten

2. Begegnung mit Bela Bonzo, dem Freund der
Regierung

Gegensätzliche Absichten des Journalisten und des
Beamten

Entdecken der Wahrheit
Vertuschen der Wahrheit

Indizien als Beweise für die Anwendung von Gewalt,
um die Wahrheit zu verbergen

Steigerung des Zweifels an der Glaubwürdikeit
des Beamten

3. Rückfahrt

Symbolik: Entrollen der Papierkugel

→ Entdeckung der Wahrheit
→ Entlarvung der Lüge

Gewißheit der Lüge des Beamten

Beginn der Indizienkette ─────────────────► Ende der Indizienkette

Entdecken der Wahrheit auf der Grundlage von
Indizien

　　► genaues Beobachten und Kombinieren als
　　　Methoden der Wahrheitsfindung

　　► Ironie des Titels

Kurzgeschichten	Lernsequenz 3: Formale Aspekte der Kurzgeschichte 1. / 2. Stunde: Marie-Luise Kaschnitz „Popp und Mingel"

Analyseschwerpunkte: Erzähl- und Kompositionstechnik, Erzählperspektive, Zeitdarstellung, sprachliche Besonderheiten

Unterrichtsschritte	Leitfragen / Unterrichtsform	Erwartungen / Ergebnisse
Unterrichtsschritt 1: Inhaltssicherung und Mitteilung der Erstleseeindrücke. (Lektüre des Textes als vorbereitende Hausaufgabe)	Unterrichtsgespräch, offene Diskussion: – Was hat euch an dem Text besonders interessiert bzw. bewegt? – Beschreibt eure erste Reaktion auf die Lektüre des Textes!	– Zentrale Betroffenheit – Schlüsselkind – persönliche Erfahrungen der Schüler – Flucht aus der Wirklichkeit in die Phantasie
Unterrichtsschritt 2: Vergleich der beiden Welten, in denen der Junge lebt	Partnerarbeit: Der Junge besitzt zwei Familien. – Zeige ihre wesentlichen Unterschiede auf und versuche, die Familie zu benennen! – Versuche dies in Form einer Tabelle zum Ausdruck zu bringen!	– Gegenüberstellung der Wirklichkeit und der Phantasiewelt des Jungen – Gegensatz zwischen Wunschfamilie und Ersatzfamilie – Begriffe: Nestwärme, Geborgenheit, Flucht aus der Wirklichkeit
Unterrichtsschritt 3: – Herausarbeitung der entscheidenden Wendung des Geschehens – Feststellung der Ursachen und möglichen Folgen	Unterrichtsgespräch oder Gruppenunterricht: – An welcher Stelle im Text findet eine entscheidende Wendung statt? – Welches ist die Ursache dieser Wendung? – Wie reagiert der Junge auf dieses Ereignis? – Was möchte der Junge damit ausdrücken? – Was denkst du über den Schluß des Textes? Diskussion der Ergebnisse.	– Wendepunkt, Lokalisierung des Wendepunktes, Ursache für die Wendung, Verlust der Ersatzfamilie, Ursachen der Brandkatastrophe – Diskussion der Schuldfrage und des offenen Schlusses
Unterrichtsschritt 4: Erkennen der Zeitebenen und Betrachtung der Sprachgestalt	Unterrichtsgespräch: – Welche Zeitebenen (Geschehensebenen) lassen sich in dem Text feststellen? – Wie sind sie miteinander verknüpft? Untersucht die Nahtstellen ihrer Verknüpfung! – Welche syntaktischen Erscheinungen treten im Text gehäuft auf?	– Zeitebenen: Assoziative Koppelung von gegenwärtigem und vergangenem Geschehen – Syntaktische Merkmale der Kindersprache: z. B. parataktische Reihungen, Wiederholungen bei Satzanfängen
Unterrichtsschritt 5: oder Hausaufgabe	Erläutere, wie es zu diesem Brand kommt und welche Ursachen er hat!	– Affekthandlung – Ausweglosigkeit des Kindes – Verlust der Ersatzfamilie

Strukturskizze: Marie-Luise Kaschnitz „Popp und Mingel"

| Wirklichkeit | Leben des Jungen in zwei Welten | Phantasie |

wirkliche Familie:

– Einzelkind, oft allein zu Hause

– beide Eltern arbeiten und haben wenig Zeit für ihr Kind

Gegenüberstellung der beiden Familien

Wunschfamilie:

– hat Geschwister, ist nicht allein

– die Eltern Popp und Mingel kümmern sich liebevoll um ihn und seine Geschwister

| sich selbst überlassenes Schlüsselkind | Gegensatz | Geborgenheit in der Ersatzfamilie |

| Enttäuschung | Bewältigung der Wirklichkeit mit Hilfe der Phantasie |

| Verlust der Ersatzfamilie |

verzweifelte Suche

auslösendes Moment

furchtbarer Verdacht

| Affekthandlung als Reaktion auf einen seelischen Schock |

Zerstörung der Illusion „kein Kind mehr"

Kurzgeschichten	Lernsequenz 3: Formale Aspekte der Kurzgeschichte 3. Stunde: Herbert Eisenreich „Der Weg hinaus"

Analyseschwerpunkte: Schicksal eines alternden Fußballstars, Verflechtung von Geschehensebenen, Zeitraffung und Zeitdehnung, Sportjargon als Mittel realitätsnaher Darstellung

Unterrichtsschritte	Leitfragen / Unterrichtsform	Erwartungen / Ergebnisse

Unterrichtsschritt 1:
 	
Aktueller Bericht über die Karriere eines ehemaligen Sport- oder Fußballstars und anschließend vorbereitende Textlektüre (auch als Hausaufgabe)
	Lehrervortrag des Berichts und Überleitung zum Schülervortrag der Lektüre.
	– Gib den Text in eigenen Worten wieder!
	– Wie erklärst du dir den Titel der Geschichte?
		– Textinhalt (Gliederung)
		– Doppeldeutigkeit des Titels, wörtliche und übertragene Bedeutung:
		  1. Weg vom Spielfeld
		  2. Weg aus der Karriere als Star

Unterrichtsschritt 2:
 	
Struktueller Aspekt:
Herausarbeitung der Geschehensebenen
	Unterrichtsgespräch:
	– Welche Geschehensebenen weist der Text auf?
	– Zeige Nahtstellen der Verflechtung dieser Geschehensebenen!
	– Welche Arten der Zeitdarstellung werden in diesem Text angewandt?
		1. Benennung der Geschehensebenen
		  – vergangene Karriere als gefeierter Star und vorangegangenes Spielgeschehen
		  – unmittelbares Geschehen der Gegenwart
		2. Verschränkung der Geschehensebenen
		3. Zeitdarstellung der Geschehensebenen
		
		Begriffe: Zeitraffung, Zeitdehnung, erzählte Zeit, Erzählzeit

Unterrichtsschritt 3: Inhaltlicher Aspekt: Herausarbeitung der Ursachen für den Weg hinaus	Themengleicher Gruppenunterricht oder Partnerarbeit: – Welches sind die Ursachen für den Weg bzw. die Wege hinaus? – Welche Folgen haben die Ereignisse für das weitere Leben der Hauptperson?	Begriffe: Lebenswandel, Lebensalter, Erklärung der Affekthandlungen Ende einer Sportkarriere
Unterrichtsschritt 4: Sprachlicher Aspekt: Betrachtung der Sprachgestalt	Stillarbeit unter den Aspekten: Achte im Text auf die Ausdrücke aus der Fachsprache des Sports! Schreibe sie auf und beschreibe, was damit gemeint ist! Erkläre, was der Verfasser durch ihre Verwendung erreichen will! Achte im Text auf die Wiederholungen in der Konstruktion von aufeinanderfolgenden Sätzen oder Teilsätzen! Markiere sie und erläutere ihre Funktion aus dem Kontext! Unterrichtsgespräch Auswertung	Textgrundlage 2., 3. und 9. Textabschnitt. – Verwendung des Sportjargons, Bildhaftigkeit der Vergleiche (als wate er im Schlamm . . .), Wiederholungen von Teilsätzen, parallele Reihung von Satzgliedern und Satzteilen

Strukturskizze: Herbert Eisenreich „Der Weg hinaus"

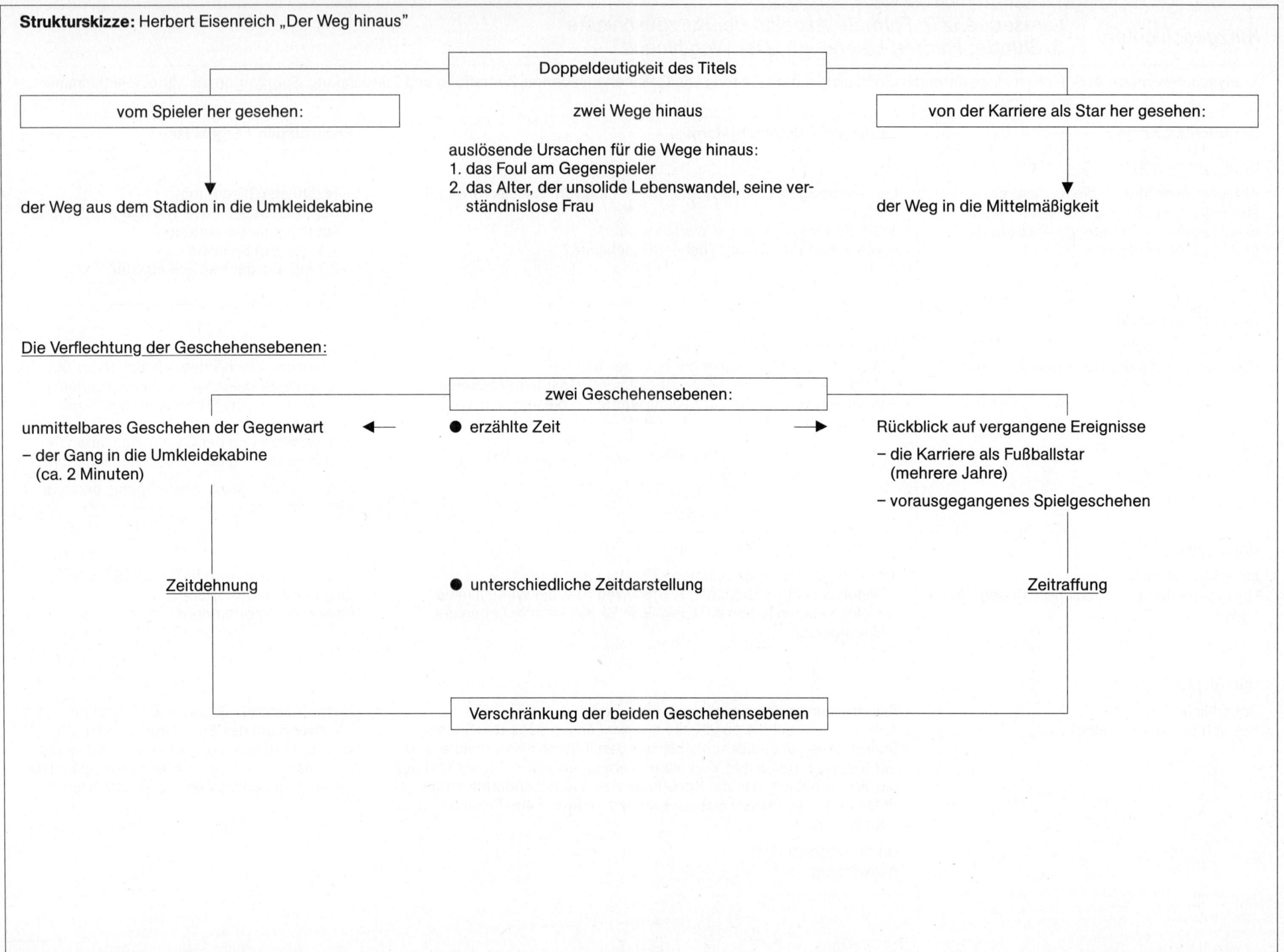

Doppeldeutigkeit des Titels

vom Spieler her gesehen:

zwei Wege hinaus

von der Karriere als Star her gesehen:

auslösende Ursachen für die Wege hinaus:
1. das Foul am Gegenspieler
2. das Alter, der unsolide Lebenswandel, seine verständnislose Frau

der Weg aus dem Stadion in die Umkleidekabine

der Weg in die Mittelmäßigkeit

Die Verflechtung der Geschehensebenen:

zwei Geschehensebenen:

unmittelbares Geschehen der Gegenwart

● erzählte Zeit

Rückblick auf vergangene Ereignisse

– der Gang in die Umkleidekabine
  (ca. 2 Minuten)

– die Karriere als Fußballstar
  (mehrere Jahre)

– vorausgegangenes Spielgeschehen

Zeitdehnung

● unterschiedliche Zeitdarstellung

Zeitraffung

Verschränkung der beiden Geschehensebenen

Kurzgeschichten	Lernsequenz 3: Formale Aspekte der Kurzgeschichte 4. Stunde: Kurt Kusenberg „Ein verächtlicher Blick"

Analyseschwerpunkte: Erzählperspektive, Handlungsführung, Stilelemente der Karikatur, Gewalt und Terror

Unterrichtsschritte	Leitfragen / Unterrichtsform	Erwartungen / Ergebnisse
Unterrichtsschritt 1: Textlektüre, Inhaltssicherung Reflexion über die persönlichen Empfindungen	Lehrervortrag, alternativ Stillektüre oder Schülervortrag. Unterrichtsgespräch: – Gib den Inhalt des Textes in eigenen Worten wieder! – Wie wirkt der Text auf dich? – Woraus resultiert die Wirkung des Textes? – Warum löst der Text beim Leser an einigen Stellen Schmunzeln und Betroffenheit zugleich aus?	– Diskrepanz zwischen Anlaß und Maßnahmen (zwischen Ursache und Wirkung) – Rechtsgrundsatz, Verhältnismäßigkeit der Mittel
Unterrichtsschritt 2: Präsentation einer Bildkarikatur, Herausarbeitung der karikierenden Elemente Übertragung der erarbeiteten Kriterien auf den Text	Unterrichtsgespräch: – Was beabsichtigt der Karikaturist mit seiner Zeichnung? – Worauf nimmt er Bezug? – Was bringt er miteinander in Verbindung? – Was will der Verfasser des Textes kritisieren? – Welche (sprachlichen) Mittel wendet der Verfasser zur Verwirklichung seiner Absicht an?	Wesentliche Merkmale der Karikatur: verzerrende Übertreibung, kritische Grundhaltung, Aufdecken bestimmter Mißstände, Lächerlichkeit, Spott, Nachdenken und Veränderung, moralische Absicht
Unterrichtsschritt 3: Betrachtung der Handlungsführung	Unterrichtsgespräch: – Welche Handlungsstränge lassen sich in dem Text voneinander unterscheiden? – Versuche, diese Handlungsstränge graphisch darzustellen!	Handlungsstränge (Geschehensebene): 1. Das Vergehen und die Maßnahmen der Polizei 2. Das Geschehen um den Mann 3. Einschub des Erzählers

Strukturskizze: Kurt Kusenberg „Ein verächtlicher Blick"

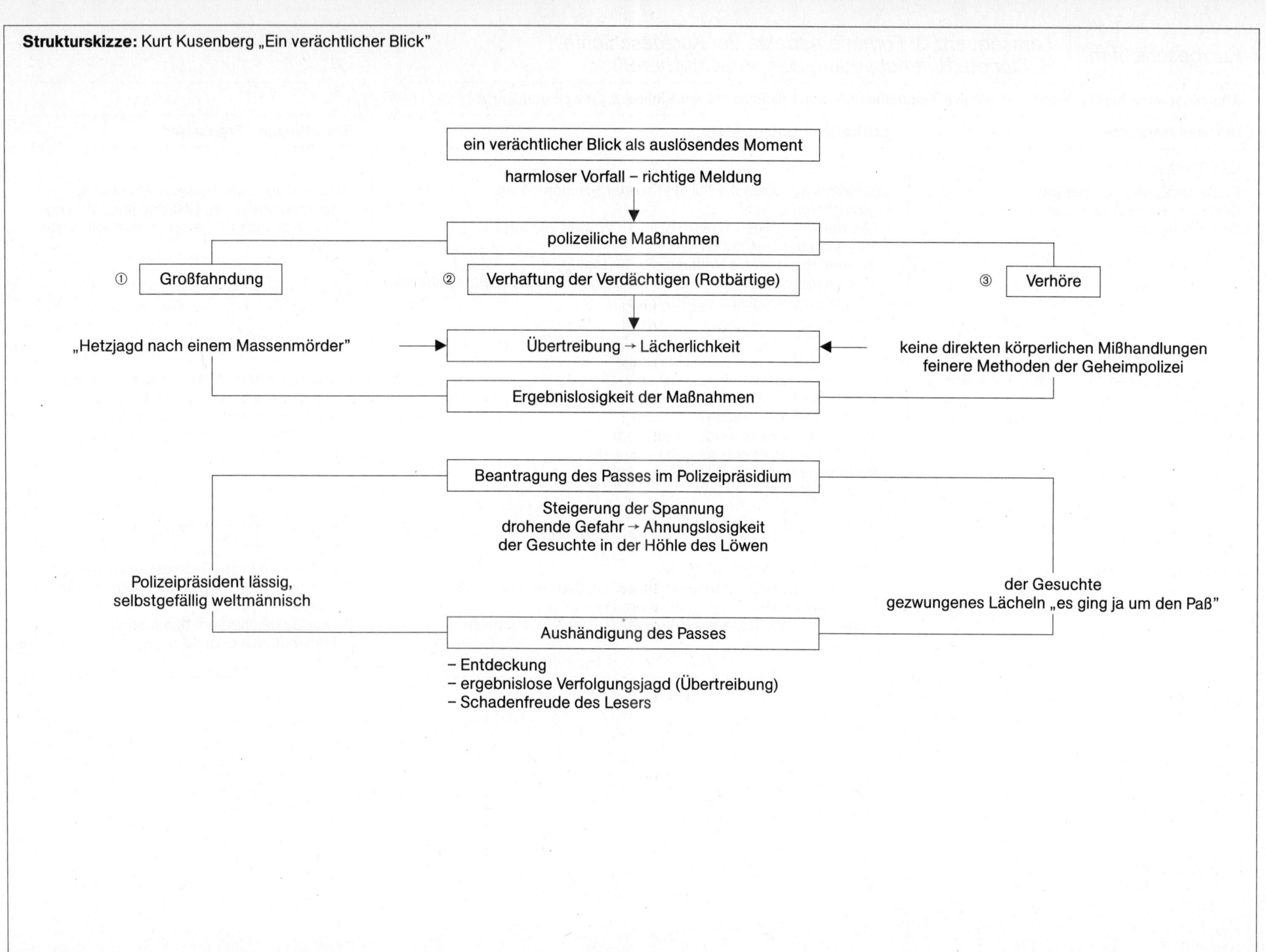

ein verächtlicher Blick als auslösendes Moment

harmloser Vorfall – richtige Meldung

polizeiliche Maßnahmen

① Großfahndung ② Verhaftung der Verdächtigen (Rotbärtige) ③ Verhöre

„Hetzjagd nach einem Massenmörder" → Übertreibung → Lächerlichkeit ← keine direkten körperlichen Mißhandlungen / feinere Methoden der Geheimpolizei

Ergebnislosigkeit der Maßnahmen

Beantragung des Passes im Polizeipräsidium

Steigerung der Spannung
drohende Gefahr → Ahnungslosigkeit
der Gesuchte in der Höhle des Löwen

Polizeipräsident lässig, selbstgefällig weltmännisch

der Gesuchte
gezwungenes Lächeln „es ging ja um den Paß"

Aushändigung des Passes

– Entdeckung
– ergebnislose Verfolgungsjagd (Übertreibung)
– Schadenfreude des Lesers

Kurzgeschichten	Lernsequenz 3: Formale Aspekte der Kurzgeschichte 5. Stunde: Günther Weisenborn „Die Aussage"

Analyseschwerpunkte: Überwindung einer lebensbedrohlichen Situation, sprachliches Kommunikationsmodell, Erzähltechnik

Unterrichtsschritte	Leitfragen / Unterrichtsform	Erwartungen / Ergebnisse
Unterrichtsschritt 1: Sacherklärungen, Textlektüre	Lehrervortrag, Sacherklärungen, Textvortrag	Sacherklärungen: Morse, Gestapo, SS zeitliche Einordnung des Textes
Unterrichtsschritt 2: Herausarbeitung des Modells der sprachlichen Kommunikation auf der Grundlage des Textes	Unterrichtsgespräch: – Was versteht man unter Kommunikation? – Unter welchen Bedingungen kommt Kommunikation zustande? – Welche nicht sprachlichen (situativen) Störfaktoren müssen beseitigt werden, damit die Kommunikation gelingt? – Welche Voraussetzungen müssen erfüllt sein, damit eine Verständigung (Kommunikation) stattfinden kann? – Leite aus der im Text dargestellten Situation ein allgemeines Modell sprachlicher Kommunikation ab!	– Dreigliedrige Struktur der Kommunikation: Sender – Mitteilung – Empfänger – Begriffe: Kode – Kodierung – Dekodierung – Störfaktoren
Unterrichtsschritt 3: Eingehen auf Aspekte der Textstruktur und Erzähltechnik	Unterrichtsgespräch: – Welche Zeiträume werden im ersten und zweiten Textteil dargestellt? – Vergleiche sie in ihrer Länge! – Vergleiche den dargestellten Zeitraum mit der Zeit, die aufgewendet wird, um diesen Zeitraum zu erzählen! – Zu welchem Ergebnis kommst du?	– Begriffe: Erzählzeit – erzählte Zeit – Zeitdarstellung: Zeitraffung, Zeitdeckung, Zeitdehnung – Erzähltechnik: berichtende Erzählweise, szenische Darstellung (dramatische Gestaltung) – Hinweise auf Unterschiede zwischen Erzählung und Drama, Roman und Drehbuch

Abschließende Hausaufgabe: Beantwortung der Frage: Welche Bedingungen sind zum Gelingen sprachlicher Kommunikation notwendig?

Strukturskizze: Günther Weisenborn „Die Aussage"

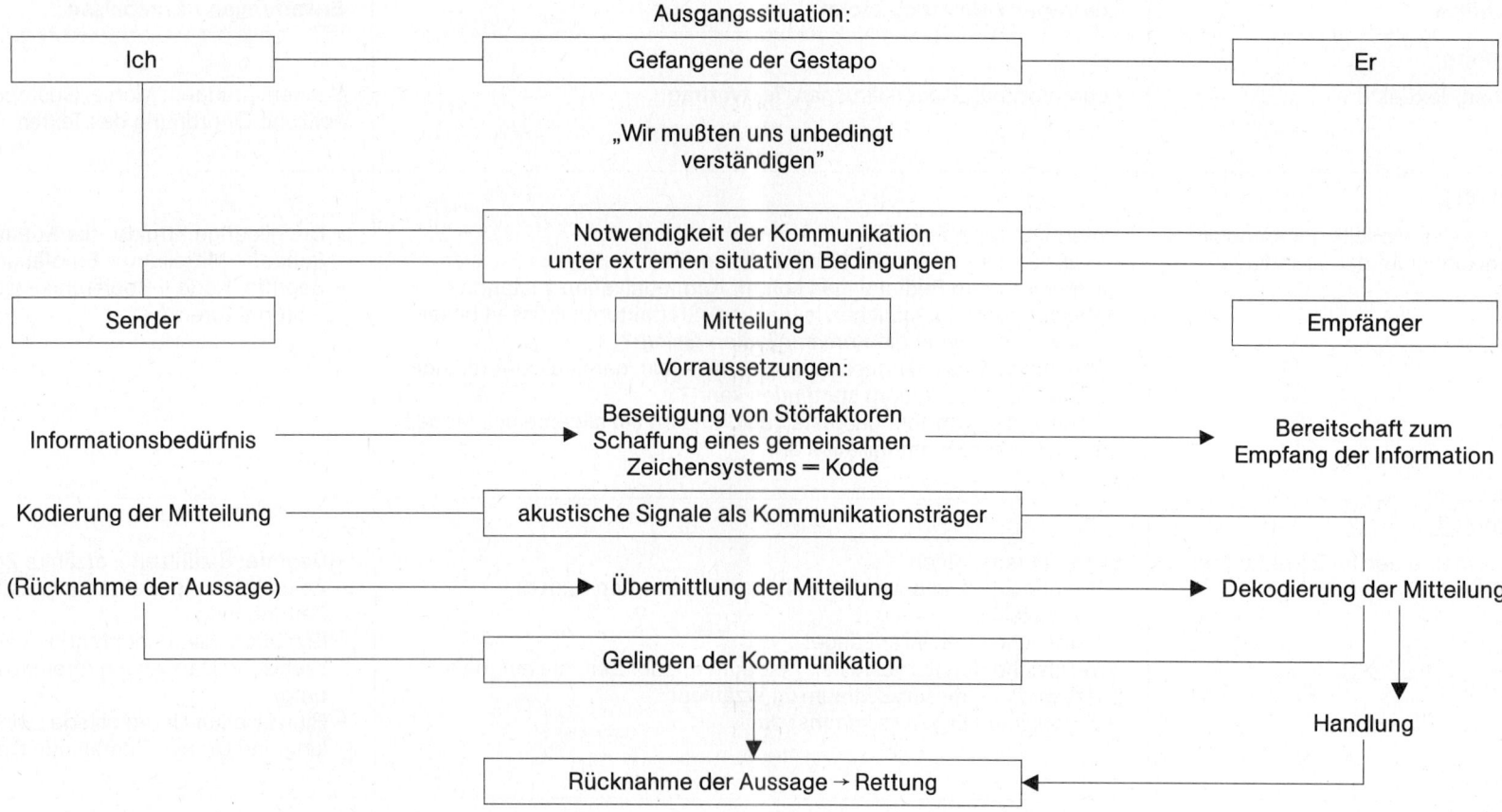

Ausgangssituation:

| Ich | Gefangene der Gestapo | Er |

„Wir mußten uns unbedingt
verständigen"

Notwendigkeit der Kommunikation
unter extremen situativen Bedingungen

| Sender | Mitteilung | Empfänger |

Vorraussetzungen:

Informationsbedürfnis → Beseitigung von Störfaktoren
Schaffung eines gemeinsamen
Zeichensystems = Kode → Bereitschaft zum
Empfang der Information

Kodierung der Mitteilung → akustische Signale als Kommunikationsträger

(Rücknahme der Aussage) → Übermittlung der Mitteilung → Dekodierung der Mitteilung

Gelingen der Kommunikation

Handlung

Rücknahme der Aussage → Rettung

Kurzgeschichten	Lernsequenz 4: Gattungstypologische Abgrenzung 1. Stunde: Heinrich Böll „Anekdote zur Senkung der Arbeitsmoral"

Analyseschwerpunkt: gattungstypologische Abgrenzung der Kurzgeschichte von der Anekdote

Unterrichtsschritte	Leitfragen / Unterrichtsform	Erwartungen / Ergebnisse
Unterrichtsschritt 1: – Hinweise auf andere epische Kurzformen (ggf. Wiederholung bereits bekannter epischer Kurzformen) – Textlektüre	Lehrervortrag oder Unterrichtsgespräch: – Welche anderen (epischen) Kurzformen sind dir bereits bekannt? – Nenne Beispiele und beschreibe ihre Merkmale!	Epische Kurzformen z. B. Fabel, Schwank, Märchen Beschreibung der Merkmale und Beispiele
Unterrichtsschritt 2: – Textinterpretation (struktureller Aspekt) – Textgliederung – kompositorische Funktion der Textabschnitte	Partnerarbeit: – Wie ist der Text aufgebaut? – Gliedere den Text nach einem selbst gewählten Gesichtspunkt! – Vergleiche die beiden Personen in Bezug auf Aussehen, Verhalten und ihre Einstellung zur Arbeit! – Entwickle eine Tabelle und trage entsprechend ein!	Dreiteilung: 1. epischer Eingang (1. Abschnitt) 2. Dialog der beiden Hauptpersonen 3. Epischer Schluß (letzter Abschnitt) – Tabellarischer Vergleich zwischen dem Fischer und dem Touristen unter den Gesichtspunkten des Aussehens, Verhaltens und ihrer Einstellung zur Arbeit – Gegensatz zweier Grundsätze: 1. Arbeiten, um zu leben 2. Leben, um zu arbeiten – Begriffe: berichtende Erzählweise, szenische Darstellung (dramatische Gestaltung)
Unterrichtsschritt 3: Betrachtung der Sprachgestalt	Unterrichtsgespräch: – Welche sprachlichen Besonderheiten weist der Satzbau auf? – Beschreibe die Merkmale und begründe sie aus dem Textinhalt!	– Rhetorisches Stilmittel: Anakoluth (Satzbruch) – Zusammenhang zwischen Inhalt und Form – Funktion der rhetorischen Stilmittel für die gehaltliche Aussage
Unterrichtsschritt 4: Gattungstypologische Einordnung des Textes	Partnerarbeit: – Wiederhole die Merkmale der Kurzgeschichte! – Welche gemeinsamen Merkmale besitzen Anekdote und Witz? – Welche Absicht verfolgt der Verfasser einer Anekdote?	Merkmale der Kurzgeschichte, Merkmale der Anekdote und des Witzes. Gattungstypologische Einordnung des Textes aufgrund der genannten Merkmale.

Hausaufgabe: Inwiefern weist der Text von Heinrich Böll „Anekdote zur Senkung der Arbeitsmoral" Merkmale der Kurzgeschichte und Anekdote auf? Wie kann man den Text gattungstypologisch einordnen?

Strukturskizze: Heinrich Böll „Anekdote zur Senkung der Arbeitsmoral"

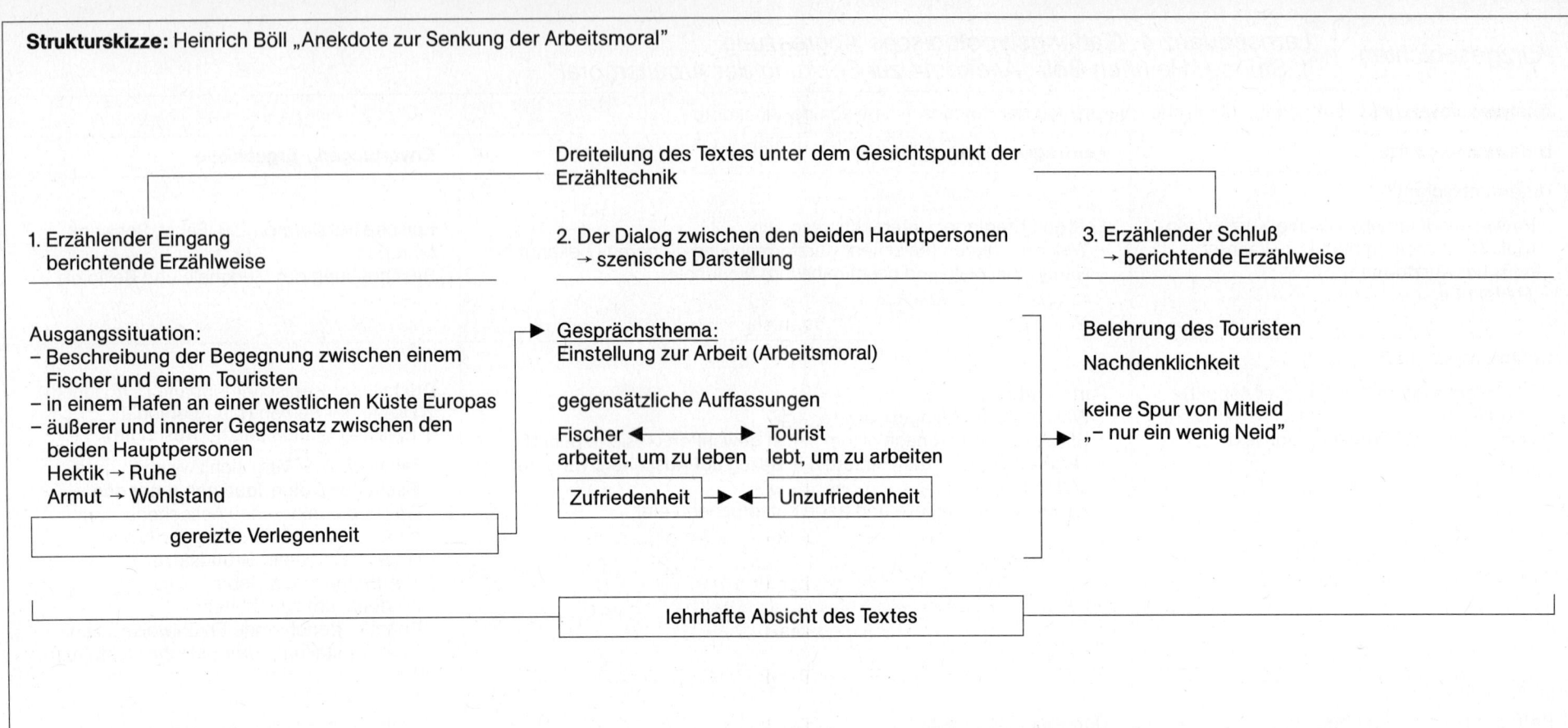

Dreiteilung des Textes unter dem Gesichtspunkt der
Erzähltechnik

1. Erzählender Eingang
   berichtende Erzählweise

2. Der Dialog zwischen den beiden Hauptpersonen
   → szenische Darstellung

3. Erzählender Schluß
   → berichtende Erzählweise

Ausgangssituation:
– Beschreibung der Begegnung zwischen einem
  Fischer und einem Touristen
– in einem Hafen an einer westlichen Küste Europas
– äußerer und innerer Gegensatz zwischen den
  beiden Hauptpersonen
  Hektik → Ruhe
  Armut → Wohlstand

gereizte Verlegenheit

Gesprächsthema:
Einstellung zur Arbeit (Arbeitsmoral)

gegensätzliche Auffassungen

Fischer ◄————► Tourist
arbeitet, um zu leben   lebt, um zu arbeiten

Zufriedenheit ►◄ Unzufriedenheit

Belehrung des Touristen

Nachdenklichkeit

keine Spur von Mitleid
„– nur ein wenig Neid"

lehrhafte Absicht des Textes

Kurzgeschichten	Lernsequenz 4: Gattungstypologische Abgrenzung 2. / 3. Stunde: Günter Wallraf „Am Band"

Analyseschwerpunkte: Einblick in die Arbeitswelt des Fließbandarbeiters, gattungstypologische Abgrenzung zwischen Kurzgeschichte und Reportage

Unterrichtsschritte	Leitfragen / Unterrichtsform	Erwartungen / Ergebnisse
Unterrichtsschritt 1: – Textlektüre als vorbereitende Haus-aufgabe – Sacherklärungen – Textwiedergabe – Grobgliederung des Textes	Schülervortrag Sacherklärungen Unterrichtsgespräch: – Aus welcher Perspektive ist der Text geschrieben? – Beschreibe den Standort des Erzählers! – Gliedere den Text in zwei größere Sinnabschnitte!	Erzählperspektive: Ich-Erzählung. Grobgliederung: – Beschreibung der Arbeitswelt am Fließband – Auseinandersetzung mit der Werksleitung
Unterrichtsschritt 2: Erarbeitung der inhaltlichen Gliederung des Textes	Themengleicher und arbeitsteiliger Gruppenunterricht. Leitfragen: Gruppen 1 und 2: – Beschreibe anhand des Textes die Arbeit am Band und ihre Aus-wirkung auf den Bandarbeiter! – Worauf gründet der Verfasser des Textes seine Aussagen? Gruppen 3 und 4: – Welchen Wert hat der Bandarbeiter für die Werksleitung? Belege dieses aus dem Text! – Welche Absicht verfolgt der Verfasser mit diesem Text? Gruppen 5 und 6: – Warum kommt es zu einer Auseinandersetzung mit der Werks-leitung? – Welche beiden Welten werden in dieser Auseinandersetzung ein-ander gegenübergestellt? – Wie wird diese Auseinandersetzung gelöst? (Beachte den Schluß des Textes!)	Inhalt: 1. Arbeit am Band 2. Wert des Bandarbeiters 3. Auseinandersetzung mit der Werksleitung
Unterrichtsschritt 3: Berichtsphase	Schülervorträge, Berichte der Gruppensprecher, Ergänzungen und Korrekturmöglichkeiten durch die themengleich arbeitenden Gruppen Gleichzeitig Tafelanschrift Ende der ersten Stunde	vgl. Strukturskizze
Unterrichtsschritt 4: Erarbeitung der Wesensmerkmale der Reportage und Abgrenzung der Kurz-geschichte	Partnerarbeit: – Vergleicht die beiden Texte (1. Rundfunkreportage über ein Sport-ereignis; 2. Text „Am Band") miteinander und legt unter Angabe der Vergleichskriterien die Unterschiede in einer Tabelle an! – Versucht unter Zuhilfenahme von Sachwörterbüchern eine Defini-tion für die Reportage zu finden!	Vergleich: Merkmale der Reportage (ggf. als Wiederholung) Begriffe: gestaltete Reportage, direkte Reportage Definition einer Reportage

Unterrichtsschritte	Leitfragen / Unterrichtsform	Erwartungen / Ergebnisse
Unterrichtsschritt 5: Gattungstypologische Abgrenzung von Kurzgeschichte und Reportage Einordnung des Textes	Ihr kennt die Wesensmerkmale von Reportage und Kurzgeschichte. – Welche Unterschiede erkennt ihr zwischen Reportage und Kurzgeschichte? – Wie würdet ihr den Text einordnen? Verwendet für diese Einordnung folgende Aspekte: Thematik, Struktur, Sprachgestalt, Verfasserintention, Wirklichkeitsnähe, Dokumentarcharakter, Erzählerperspektive. Dieser Unterrichtsschritt kann auch in einem themengleichen Gruppenunterricht vollzogen werden.	Tabellarischer Vergleich zwischen direkter Reportage und Kurzgeschichte. Vergleichskriterien: Thematik, Struktur, Sprachgestalt, Verfasserintention, Dokumentationscharakter, Erzählerperspektive. Gegensätze zwischen aktuellem Ereignis und schicksalhaftem Wendepunktereignis. Gliederung in Einleitung, Hauptteil und Schluß. – Expositionsloser Beginn, Steigerung bis zum Höhepunkt, offener Schluß. Information – didaktische lehrhafte Absicht. Erlebender Zuschauer – verschiedene Standorte des Erzählers, verschiedene Erzählperspektiven.

Strukturskizze: Günter Wallraff „Am Band" (zu Unterrichtsschritt 3)

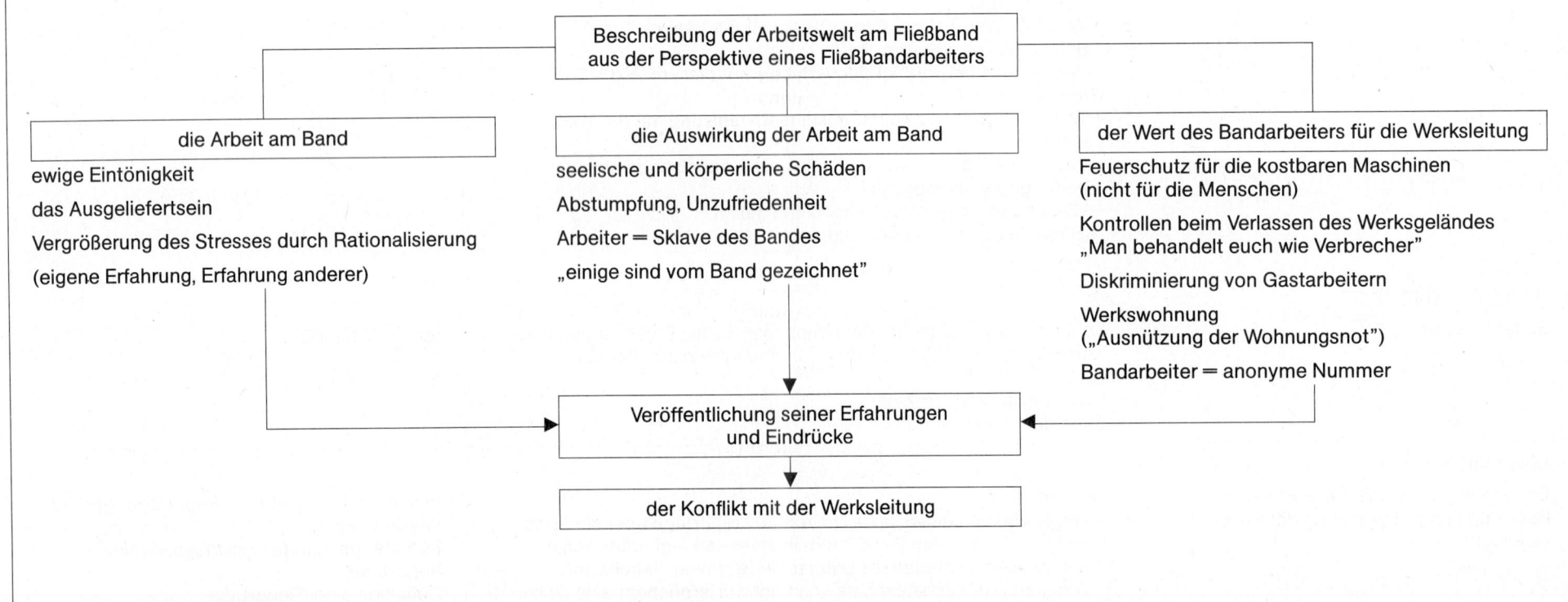

Strukturskizze: Günter Wallraff „Am Band"

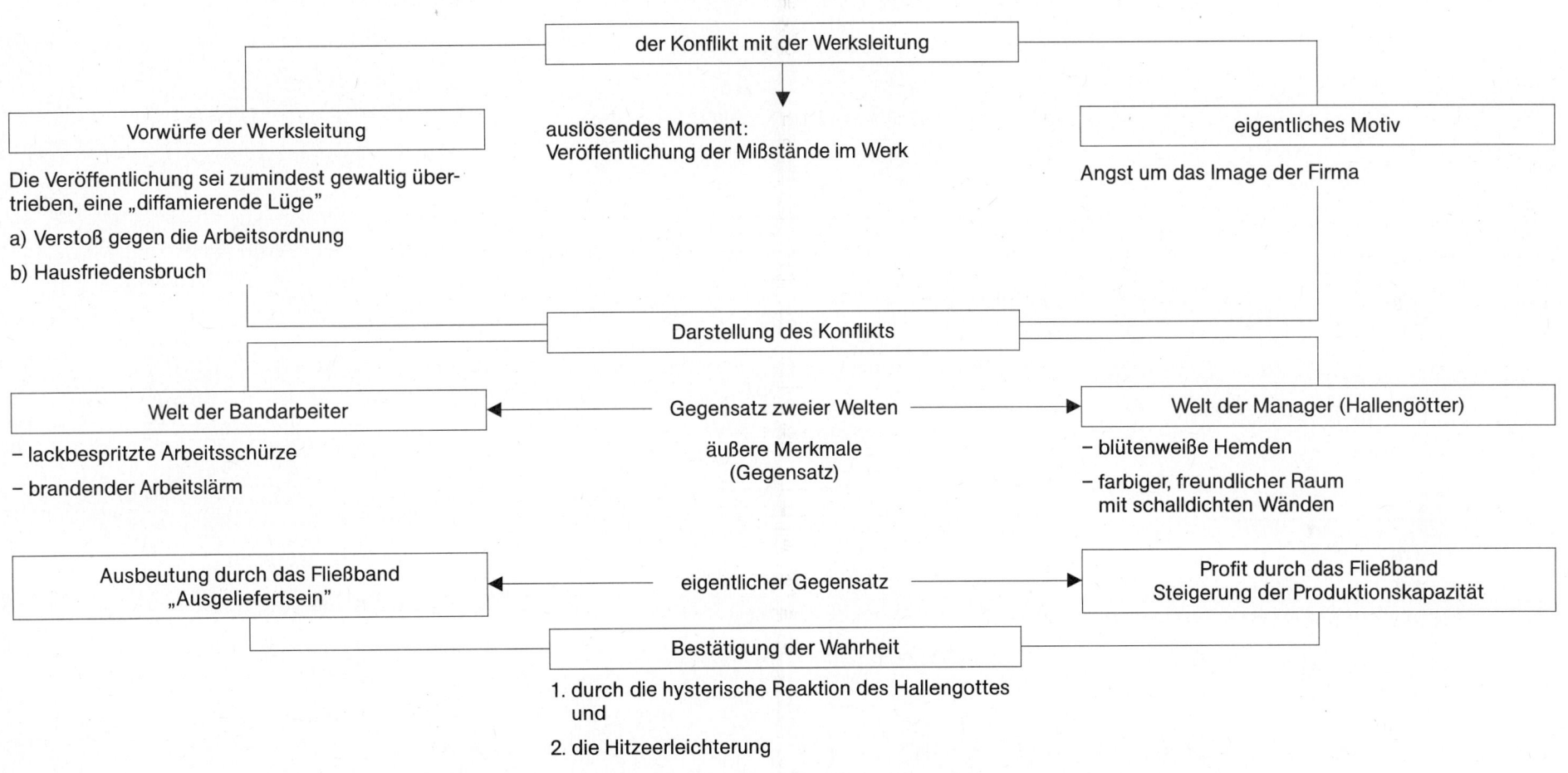

der Konflikt mit der Werksleitung

Vorwürfe der Werksleitung

Die Veröffentlichung sei zumindest gewaltig über-trieben, eine „diffamierende Lüge"

a) Verstoß gegen die Arbeitsordnung

b) Hausfriedensbruch

auslösendes Moment:
Veröffentlichung der Mißstände im Werk

eigentliches Motiv

Angst um das Image der Firma

Darstellung des Konflikts

Welt der Bandarbeiter

– lackbespritzte Arbeitsschürze

– brandender Arbeitslärm

Gegensatz zweier Welten

äußere Merkmale
(Gegensatz)

Welt der Manager (Hallengötter)

– blütenweiße Hemden

– farbiger, freundlicher Raum
mit schalldichten Wänden

**Ausbeutung durch das Fließband
„Ausgeliefertsein"**

eigentlicher Gegensatz

**Profit durch das Fließband
Steigerung der Produktionskapazität**

Bestätigung der Wahrheit

1. durch die hysterische Reaktion des Hallengottes
und

2. die Hitzeerleichterung

Die Einordnung dieses Textes in die Gattung Kurzgeschichte ist problematisch (thematisch wie auch strukturell).
Man kann ihn eher der Form Reportage zuordnen (reportagehafte Kurzgeschichte).

Kurzgeschichten	Lernsequenz 4: Gattungstypologische Abgrenzung 4. Stunde: Bertolt Brecht „Die unwürdige Greisin"

Analyseschwerpunkte: Kalendergeschichte und Kurzgeschichte, Erzählerperspektive, Einmischung des Erzählers.

Unterrichtsschritte	Leitfragen / Unterrichtsform	Erwartungen / Ergebnisse
Unterrichtsschritt 1: – Textlektüre als vorbereitende Hausaufgabe – Schülerreferate (Kurzreferate von maximal 10 Minuten)	Schülervortrag, anschließend Diskussion	Thesenpapiere zu den Referaten: Kalendergeschichten J. P. Hebels Kalendergeschichten J. Gotthelfs
Unterrichtsschritt 2: Vergleich der beiden Leben der Greisin	Unterrichtsgespräch: – In welche und wie viele Abschnitte läßt sich das Leben der Greisin unterteilen? – Beschreibe die Dauer und Merkmale dieser Lebensabschnitte und bewerte sie!	1. Der Tod des Mannes als Wendepunkt im Leben der Greisin 2. Vergleich der beiden Leben („würdiges Leben" – „unwürdiges leben"), Gesichtspunkt des Vergleiches 3. Schlußfolgerung und Bewertung dieser beiden gegensätzlichen Leben a) durch den Leser b) durch den Erzähler c) durch die Kinder der Greisin
Unterrichtsschritt 3: Herausarbeitung der Aussageintention des Textes	Unterrichtsgespräch: – Was will der Verfasser des Textes mit diesem Text zum Ausdruck bringen? – Welche Verhaltensweisen machen die Greisin im Urteil ihrer Kinder unwürdig? Welche Motive stecken hinter den Verhaltensweisen der Kinder?	Herausarbeitung folgender Gesichtspunkte: 1. Undankbarkeit der Kinder 2. Kritik des Erzählers an der Selbstsucht der Urteilenden 3. Nicht die Greisin ist unwürdig, sondern diejenigen, die sie als solche bezeichnen
Unterrichtsschritt 4: Gattungstypologische Einordnung des Textes	Partner- oder Gruppenarbeit: – Vergleiche die Merkmale von Kurzgeschichte und Kalendergeschichte und versuche, den Text entsprechend seiner Merkmale einzuordnen!	Sachwörterbuch oder Thesenpapiere der Referate als Grundlagen. Gegen eine Einordnung des Textes als Kurzgeschichte spricht: 1. die abgerundete Struktur des Textes in Einleitung, Hauptteil und Schluß. 2. Die erzählte Zeit ist für eine Kurzgeschichte zu lang. Von der Sprachgestalt und der Verfasserintention her ergeben sich jedoch Übereinstimmungen zwischen Kalendergeschichte und Kurzgeschichte.

Strukturskizze: Bertolt Brecht „Die unwürdige Greisin"

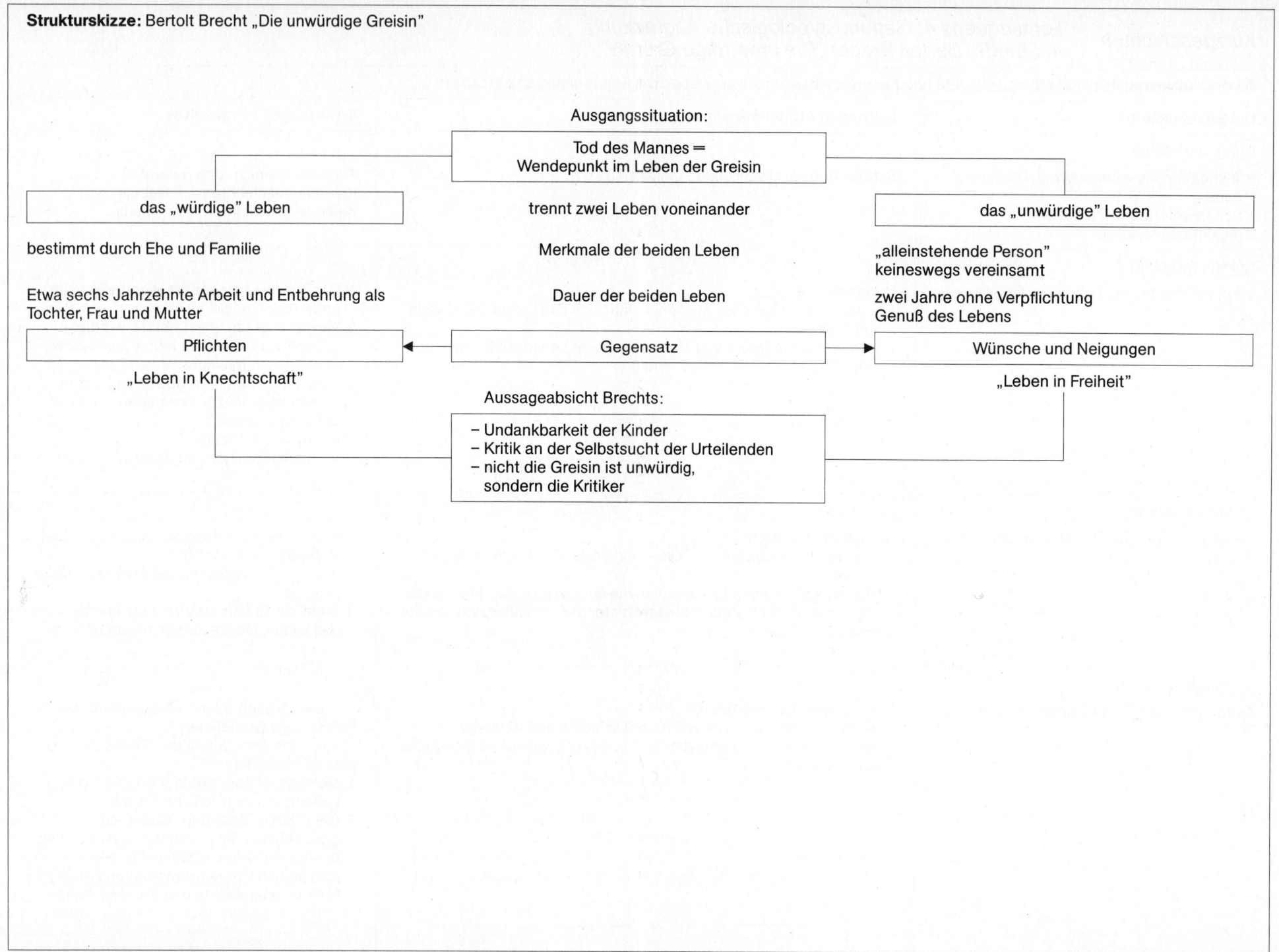

Ausgangssituation:

Tod des Mannes =
Wendepunkt im Leben der Greisin

das „würdige" Leben   trennt zwei Leben voneinander   das „unwürdige" Leben

bestimmt durch Ehe und Familie   Merkmale der beiden Leben   „alleinstehende Person"
keineswegs vereinsamt

Etwa sechs Jahrzehnte Arbeit und Entbehrung als   Dauer der beiden Leben   zwei Jahre ohne Verpflichtung
Tochter, Frau und Mutter   Genuß des Lebens

Pflichten   ◄   Gegensatz   ►   Wünsche und Neigungen

„Leben in Knechtschaft"   „Leben in Freiheit"

Aussageabsicht Brechts:

– Undankbarkeit der Kinder
– Kritik an der Selbstsucht der Urteilenden
– nicht die Greisin ist unwürdig,
  sondern die Kritiker

Kurzgeschichten	Lernsequenz 4: Gattungstypologische Abgrenzung 5. / 6. Stunde: Bertolt Brecht „Der Augsburger Kreidekreis"

Analyseschwerpunkte: Abgrenzung von Novelle und Kurzgeschichte, Merkmale der Novelle, Lebensnahe volkstümliche Prosasprache, Parteilichkeit des Erzählers, lehrhafte Absicht

Unterrichtsschritte	Leitfragen / Unterrichtsform	Erwartungen / Ergebnisse
Unterrichtsschritt 1: Textlektüre als vorbereitende Hausaufgabe (ggf. Textgliederung zusätzlich) Inhaltsangabe und Interpretation	Unterrichtsgespräch: – Gib den Inhalt des Textes kurz wieder (Handlungsgerüst)! – Beschreibe kurz die Ausgangsituation des Textes! – Warum streiten die beiden Frauen um das Kind? – Nenne und erläutere ihre Motive!	Ausgangssituation, vergleichende Charakterisierung der beiden Frauen (als Repräsentanten unterschiedlicher Gesellschaftsschichten) Streit um das Kind Beweggründe für diesen Streit (Motive)
Unterrichtsschritt 2: Interpretation (der Prozeß um das Kind) Charakterisierung des Richters und seiner Prozeßführung	Partner- oder Gruppenarbeit: – Welche Aussagen werden über die Person des Richters Ignaz Dollinger in dem Text gemacht? Charakterisiere den Richter Ignaz Dollinger! – Beschreibe die Kreidekreisprobe und erkläre, warum der Richter diese Probe durchführen läßt und wie er die Durchführung der Probe begründet! – Was meint Dollinger mit seinem Ausspruch „Und somit wissen wir, wer die rechte Mutter ist!" – Wie deutest du die Tatsache, daß der Richter der Frau aus Mehring, der das Kind zugesprochen wurde, „mit den Augen zugezwinkert habe"?	Inhaltliche Aspekte des Prozeßverlaufes: 1. Die Charakterisierung des Richters Ignaz Dollinger 2. Die Deutung der Kreidekreisprobe und des Richterspruchs Begriffe: Kreidekreisprobe, Unterschied zwischen der rechten und der richtigen Mutter
Unterrichtsschritt 3: Interpretation (Betrachtung der Struktur und der Sprachgestalt des Textes)	Unterrichtsgespräch: Warum kann der Text (von der Struktur her) keine Kurzgeschichte sein? Lehrervortrag: Wesensmerkmale der Novelle – Wodurch unterscheidet sich dieser Text in seiner Struktur von einer Kurzgeschichte? Welche sprachlichen Besonderheiten besitzt dieser Text a) im grammatischen Bereich b) unter dem Gesichtspunkt der Wortwahl c) unter dem Gesichtspunkt bekannter Redewendungen – Was möchte Brecht durch die Verwendung dieser Besonderheiten zum Ausdruck bringen? – Was möchte Brecht durch die grammatisch ungebräuchliche Verwendung des Partizip Präsens zum Ausdruck bringen? Welche zeitliche Aussage wird durch die Verwendung des Partizip Präsens gemacht?	Merkmale der Textstruktur: 1. geschlossener Aufbau 2. straff durchgeführte Handlung, Abgrenzung zwischen Kurzgeschichte und Novelle unter dem Gesichtspunkt der Struktur Merkmale der Sprachgestalt: a) grammatische Eigenheiten b) Besonderheiten der Wortwahl c) Verwendung volkstümlicher Redewendungen d) häufige Verwendung des Partizip Präsens

Unterrichtsschritte	Leitfragen / Unterrichtsform	Erwartungen / Ergebnisse
Unterrichtsschritt 4: Gattungstypologische Einordnung des Textes (Gesichtspunkte: Struktur, erzählte Zeit, Anzahl der Hauptpersonen)	Unterrichtsgespräch: Wiederhole die Merkmale der Kurzgeschichte! Überprüfe, ob und in-wieweit diese Merkmale auf den Text von Bertholt Brecht „Der Augsburger Kreidekreis" zutreffen!	Merkmale der Kurzgeschichte Dagegen strukturelle Geschlossenheit des Textes in Einleitung, Hauptteil und Schluß (keine Kurzgeschichte) <u>Erzählte Zeit:</u> der in diesem Text erzählte Zeitraum ist für eine Kurzgeschichte zu lang. Anzahl der <u>Hauptpersonen:</u> größere Anzahl der handelnden Personen als bei einer Kurz-geschichte. Aufgrund der festgestellten Merkmale kann dieser Text keine Kurzgegeschichte sein. Auf ihn trifft die Definition der Novelle zu.

Strukturskizze: Bertolt Brecht „Der Augsburger Kreidekreis" (1)

Ausgangssituation: Besetzung Augsburgs durch die Katholischen zur Zeit des 30jährigen Krieges

① Plünderung der Gerberei
Ermordung Zinglis

Frau Zinglis	gegensätzliche Verhaltensweisen	die Magd Anna
Sorge um Schmuck und Kleider Flucht: läßt dabei ihr Kind zurück	← gesellschaftliches Sein bestimmt das Bewußtsein →	Flucht Rettung des Kindes unter Lebensgefahr
Verleugnung des eigenen Kindes	Gegensatz	nimmt sich des Kindes an und zieht es unter Entbehrungen auf

② der Streit um das Kind

Erbe der Gerberei materieller Besitz	gegensätzliche Motive	Liebe und Sorge um das Kind

der Prozeß vor Ignaz Dollinger

J. Dollinger: ganz besonderer Mann – berühmt wegen seiner Grobheit und Gelehrsamkeit

Strukturskizze: Bertolt Brecht „Der Augsburger Kreidekreis" (2)

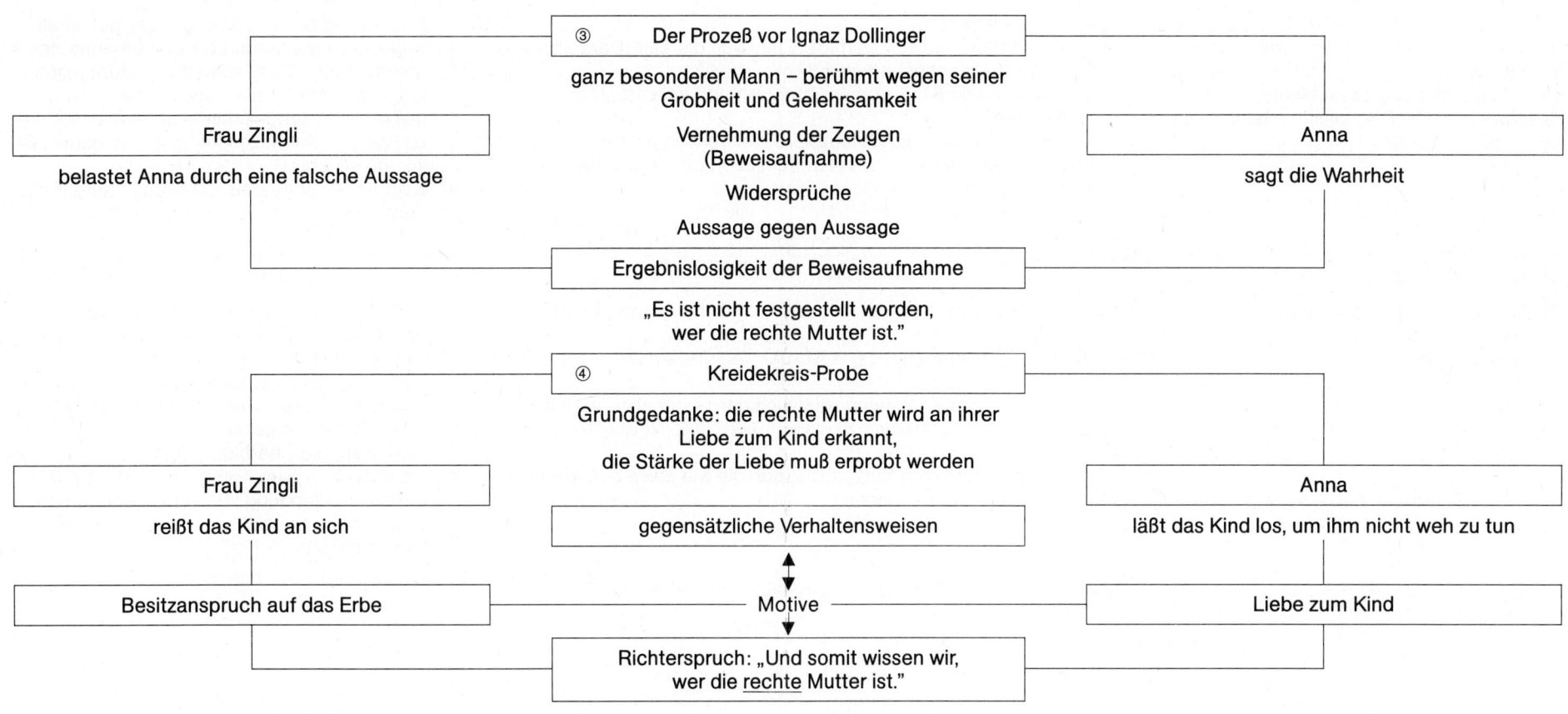

③ Der Prozeß vor Ignaz Dollinger

ganz besonderer Mann – berühmt wegen seiner
Grobheit und Gelehrsamkeit

Vernehmung der Zeugen
(Beweisaufnahme)

Widersprüche

Aussage gegen Aussage

Frau Zingli

belastet Anna durch eine falsche Aussage

Anna

sagt die Wahrheit

Ergebnislosigkeit der Beweisaufnahme

„Es ist nicht festgestellt worden,
wer die rechte Mutter ist."

④ Kreidekreis-Probe

Grundgedanke: die rechte Mutter wird an ihrer
Liebe zum Kind erkannt,
die Stärke der Liebe muß erprobt werden

Frau Zingli

reißt das Kind an sich

gegensätzliche Verhaltensweisen

Anna

läßt das Kind los, um ihm nicht weh zu tun

Besitzanspruch auf das Erbe — Motive — Liebe zum Kind

Richterspruch: „Und somit wissen wir,
wer die rechte Mutter ist."

| Kurzgeschichten | Lernsequenz 5: Überblick – Exkurs zur Typologie |
| | 2. Stunde: Exkurs zur Typologie. Herbert Eisenreich „Der Weg hinaus", Wolfgang Borchert „An diesem Dienstag" |

Analyseschwerpunkte: Typologie der Kurzgeschichte: Augenblickskurzgeschichte, Überdrehungs- oder Überblendungskurzgeschichte

Unterrichtsschritte	Leitfragen / Unterrichtsform	Erwartungen / Ergebnisse
Unterrichtsschritt 1: Textlektüre als vorbereitende Hausaufgabe Textbetrachtung Herbert Eisenreich „Der Weg hinaus" als exemplarisches Beispiel einer Augenblickskurzgeschichte Beschreibung der Darstellung (Gestaltung) des Erzählvorganges	Unterrichtsgespräch: – Wie ist in dem Text von Herbert Eisenreich die Zeit (Darstellung des Erzählvorganges) dargestellt? – In welchem Verhältnis stehen Erzählzeit und erzählte Zeit zueinander? – Welche Art der Zeitdarstellung wird hier verwendet? – Beziehe dich dabei auf das Hauptgeschehen, d. h. auf das unmittelbare Geschehen der Gegenwart!	Darstellung des Erzählvorganges auf einen Augenblick konzentriert → Zeitdehnung des unmittelbaren Geschehens (→ Hauptgeschehen → der Weg in die Kabine); Zeitraffung des in die Hauptgeschehensebene eingefügten vergangenen Geschehens – Augenblickskurzgeschichte Begriffe: erzählte Zeit, Erzählzeit, Zeitraffung, Zeitdehnung
Unterrichtschritt 2: Textbetrachtung Wolfgang Borchert „An diesem Dienstag" 1. Textgliederung 2. Textstruktur	Unterrichtsgespräch (alternativ: themengleicher Gruppenunterricht) Leitfragen: – Welche Bedeutung hat der Ausdruck „An diesem Dienstag" in dem Text? – In welche örtlichen Bereiche läßt sich das Geschehen einteilen? – Entwerfe eine Gliederung zu diesem Text! (Wie ist der Text strukturiert?) – Wie könnte man eine Kurzgeschichte, die wie diese aufgebaut ist, beschreiben und benennen?	Auffälliges Strukturmerkmal des Textes: neunmaliges Wiederholen der Wortgruppe „an diesem Dienstag" – Montagetechnik (Nebeneinander von Versatzstücken, Überdrehungs- oder Überblendungskurzgeschichte) Definition: die Überblendungskurzgeschichte arbeitet nach dem Kompositionsprinzip der Ineinanderblendung von verschiedenartigem Geschehen, das sich in einer Montage von Versatzstücken äußert.